Dr. Diethard Stelzl

Symbolik und Mystik
der ZAHLEN

Schirner Verlag

ISBN 978-3-8434-1273-5

Dr. Diethard Stelzl:
Symbolik und Mystik der Zahlen
© 2017 Schirner Verlag,
Darmstadt

Umschlag: Murat Karaçay, Schirner,
unter Verwendung von # 215449114,
302074379 und # 308690411
(© agsandrew), www.shutterstock.com
Layout: Anke Müller, Schirner
Lektorat: Bastian Rittinghaus, Schirner
Printed by: Ren Medien GmbH, Germany

www.schirner.com

1. Auflage Juli 2017

Inhalt

Danksagung

In meinem letzten Buch, »Heilige Geometrie – Die Matrix unserer Welt«, ging ich darauf ein, wie **Informationen** als **Energie**feld und fein**stoff**liche Form weitergegeben werden. Dies geschieht in universalen geometrischen Objekten und Mustern, also in den Dimensionen zwei bis sechs. Diesen allen liegt jedoch der Bezug zur Grobstofflichkeit, Masse und Materie zugrunde, die physische 1. Dimension. Um ihre Erkundung soll es im vorliegenden Buch gehen.

Die Weisheit und das Wissen werden im Universum über Zahlen vermittelt, die Symbolen der 1. Dimension, also **Strecke** bzw. **Länge** entsprechen. Da alles, auch grobstoffliche, materielle Verdichtung, letztlich Schwingungen von Energie ist, wird es durch die in Zahlenwerten bestimmbaren Eigenschaften von Wellen definiert.

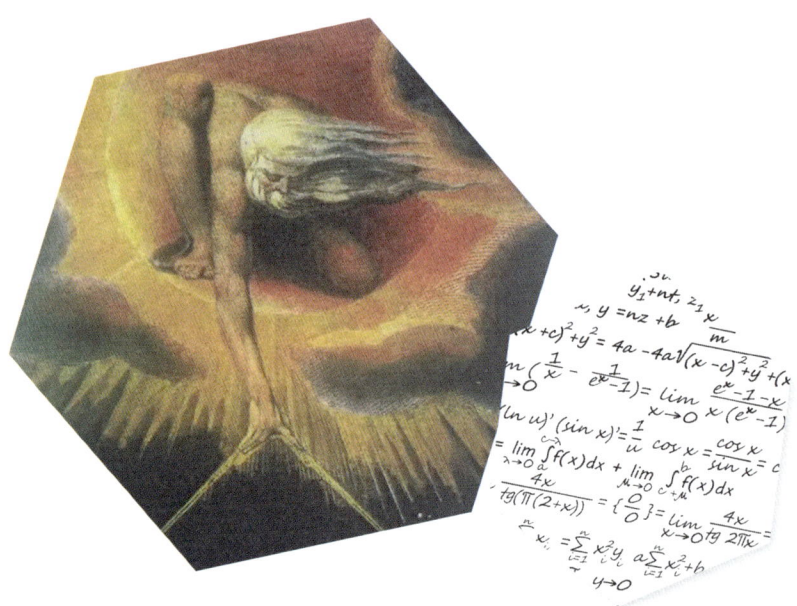

Heidi und Markus Schirner danke ich dafür, dass sie mir die Möglichkeit geben, das gesamte Gebiet der Heiligen Geometrie darzustellen, indem ich dem vorigen Buch dieses über die geometrischen Formen und Zahlen der 1. Dimension anschließe.

Wie immer gilt mein besonderer Dank meiner verständnisvollen und geduldigen Frau Gerlinde Stelzl-Hartmann und meiner fleißigen Assistentin Martina Oberdorfer.

Danke auch Ihnen, liebe Leserin, lieber Leser, dass Sie sich für diesen spannenden und faszinierenden Teilbereich der »Heiligen Geometrie«, nämlich den der 1. Dimension der physisch-grobstofflichen, materiellen Spiegelung im Außen interessieren.

Viel Freude damit wünscht Ihnen von Herzen

Ihr

Diethard Stelzl

Einführung

Am Anfang der Genesis des Johannes-Evangeliums 1,1 steht der Satz:

»Im Anfang war das Wort, und
das Wort war bei Gott, und Gott war das Wort.
Und es war gut so.«

Mit »Wort« ist dabei die Weisheit der Urquelle gemeint, die »göttliche Matrix«. Diese stellt den Ursprung der **Information** dar, eingebunden in die Dimensionen 12 bis 9 nach dem 12-dimensionalen Modell von **Burkhard Heim** (1925–2001).[1]

Burkhard Heim

---

1   Ausführlich bei: Heim, Burkhard: Einheitliche Beschreibung der Materiellen Welt. Innsbruck: Resch 1990.

DIE QUANTENFELD THEORIE VON BURKHARD HEIM

Code	Gruppe	Unterbereich	Beschreibung
X12 = G4		Hintergrundraum	Gott, Weltengeist, Urquelle
X11 = G3		Hintergrundraum	Göttlicher Wille
X10 = G2		Hintergrundraum	Gottmenschentum
X09 = G1	HYPERRAUM	Hintergrundraum	Freier menschlicher Wille
X08 = J02	HYPERRAUM	Information	Seele: individuell und universale Akasha–Chronik
X07 = J01	HYPERRAUM	Information	Unbeseelte Entitäten
X06 = S02		Struktur – Organisation – Speicherung	Universale Datenbänke = äonische Dimension
X05 = S01		Struktur – Organisation – Speicherung	Morphogenetische Felder = entelechiale Dimension
X04 = Z (R04)	RAUM – ZEIT – KONTINUUM	Zeit	Zeit – Raumzeit
X03 = R03	RAUM – ZEIT – KONTINUUM	Irdischer Raum	Länge x Breite x Höhe: Mentalebene der Gedanken
X02 = R02	RAUM – ZEIT – KONTINUUM	Irdischer Raum	Länge x Breite: Astralebene der Gefühle
X01 = R01	RAUM – ZEIT – KONTINUUM	Irdischer Raum	Länge: physische Ebene der grobstofflichen Materie

Aus diesen Impulsen entwickelten sich entsprechende **Energie**felder in den Dimensionen 8 bis 5. Weiter verdichteten sich diese zu den Bereichen des **Stoffes** in den Dimensionen 4 bis 2, aus denen im Prozess des »Abstiegs in die Materie« schließlich die 1. Dimension als physisch-materielle Komponente hervorging, ein Ausdruck der Liebe Gottes als materieller Spiegel im Außen.

Diese 1. Dimension, der Bereich der Strecke bzw. **Länge,** spiegelt die dichteste Masse und damit die Dunkelheit und die Negativpotenziale der »künstlichen Matrix« unserer Spezies wider.

Zahlen besitzen eine mathematische Wertfunktion sowie ein spezielles Resonanzverhalten als Schwingung. Jede **Ziffer** hat eine bestimmte Frequenz und somit auch ein berechenbares Energiefeld.

Zahlen drücken zum einen unsere **subjektiven** Einschätzungen aus, zum anderen halten sie unsere Wahrnehmungen in der **objektiven** Außenwelt fest. Sie stellen quasi einen dunklen, grobstofflichen Spiegel dar. Die geheimen Prinzipien aller Sachverhalte im Universum werden so im Rahmen der Weisheit der »göttlichen Matrix« aus der 11. Dimension bis zur grobstofflichen 1. Dimension in Form von Zahlen als Information weitergegeben. Diese stellt somit den Ausdruck der Liebe der Urquelle im »Abstieg in die Materie« dar. Die Verdichtung erfolgt in den Stufen:

Information (12. bis 9. Dimension)
↓
Energie (8. bis 5. Dimension)
↓
Stoff (4. bis 1. Dimension)

Im Universum ist alles Teil einer universalen Ordnung, die auch als »**göttliche Matrix**« bezeichnet wird. Sie entspricht der 11. Dimension. In der 7. bis 12. Dimension ist alles Schwingung, wie es das fünfte Geistige Gesetz festlegt. Die optimale Harmonie äußert sich als Sinuskurve sowie jeder Rhythmus, der mit dem Teiler oder Multiplikator Zwei von ihr abgeleitet wurde. Diese Oktavierungsreihe entspricht der weiblichen 2. Dimension.[2] Die 1. Dimension spiegelt in der grobstofflichen Materie die höher schwingenden Frequenzen der Liebe der Urquelle mit dem Attraktor 1,61803..., der Verhältniszahl **Phi** wider. Auf dieser basieren das Prinzip des »Goldenen Schnittes« sowie die **Fibonacci**-Reihe (1, 1, 2, 3, 5, 8, 13, 21, 34, 55, 89 usw.), die überall in der Natur zu finden sind.

Die Zahl drückt also eine höher schwingende Form real oder symbolisch aus und zeigt uns so den Weg zur Weisheit durch das Verständnis der gesamten Schöpfung. Der Mensch als kreativer, göttlicher Co-Schöpfer, ausgestattet mit einem kosmischen Bewusstsein, hat über die Mystik der Zahl Zugang zu höchstem Wissen und dem Verständnis allen Seins. Von besonderer Bedeutung ist dabei der symbolische Ausdruck durch Bilder als Grenzen überbrückende Sprache der Natur. Diese versteht er mit seiner rechten, nach innen gerichteten, subjektiven Gehirnhälfte. Über die Symbolik der Zahl entdeckt der Mensch die Welt. Er erkennt, dass alles vollkommen gestaltet ist und in enger Verbindung mit dem großen Ganzen steht. Der Geist der Urquelle spiegelt sich in der dichten Form der physischen Materie, diese ist Ausdruck der göttlichen, bedingungslosen Liebe.

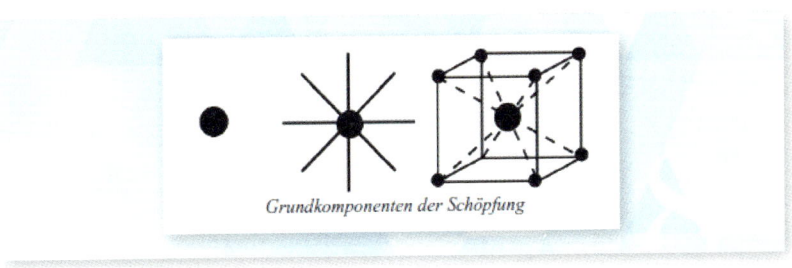

Grundkomponenten der Schöpfung

---

2   Ausführlich dargestellt u. a. bei Stelzl, Diethard: Heilige Geometrie – Die Matrix unserer Welt. Darmstadt: Schirner 2016.

Der Punkt steht als strahlendes Zentrum für den **Geist** der Urquelle im Nullpotenzial, der Kreis für dessen **Ausdruck in der Materie** als geometrische Form. Das Wissen um die Mystik und Symbolik der Zahlen setzt den Menschen in die Lage, sich mit anderen Formen als verdichtete Schwingung zu erfahren, deren Sinn zu verstehen und sich mit allem Sein zu verbinden. Auf diese Weise wird auch er eins mit allem und Teil des kosmischen Bewusstseins. Er erfährt bedingungslose, göttliche Liebe im Zentrum jeglicher Form.

Die Symbolik der Zahlen gehört zu den ältesten Wissenschaften der Menschheit. Die Magie der Ziffern vermittelt dem Suchenden Einblick in das Wirken universaler Kräfte, deren **Informationsaussage,** ihrer **Energiefelder** und der **stofflichen Verdichtung** in einer geometrischen, materiellen Form. Ist diese harmonisch gemäß den universalen Regeln gestaltet, vermittelt sie auch **Heilungserfahrungen.** Alles ist Energie, schwingt und wirkt wechselseitig auf alles andere harmonisch und heilend oder verletzend und zerstörend.

Die **Heilige Geometrie** bildet die Grundlage allen Seins. In der 1. Dimension baut sie auf dem Prinzip der Strecke bzw. Länge auf. Dieses drückt sich vor allem in der Zahl aus. Sie bildet den Schlüssel zum Verständnis aller Zusammenhänge.

Jede Zahl hat eine typische Schwingung, die Elemente von Information und Energie vermittelt. Zahlen sind mathematische Ausdrucksformen und Konzepte. Durch Messungen werden individuelle Beobachtungen mit den abstrakten Größen der Zahlen in Verbindung gebracht und so definiert. Dieses Konzept ist in der Wissenschaft von grundlegender Bedeutung und wird in allen Teilbereichen angewendet.

Im Rahmen der **Zahlensymbolik** wird die Bedeutung einzelner Zahlen über ihre mathematische Aussage hinaus als sinnbildliche Komponente gesehen, die oft auf alten Volksglauben oder ein spezielles Brauchtum zurückgeht. Verbunden damit sind bestimmte Werturteile, die den Zahlen eine individuelle Qualität zukommen lassen. Diese kann in verschiedenen Kulturen und Religionen zu unterschiedlichen Aussagen führen, wie es in der **Zahlenmystik** zum Ausdruck kommt. Dabei muss aber jeder Umgang mit Zahlen von einem eindeutigen Prinzip und Wertmaßstab ausgehen, der immer seine gleichbleibende Gültigkeit behält.

TEIL I:
Die Zahlenmystik

»Alles ist Zahl.«
Archimedes (287–212 v. Chr.)

Mathematische Grundlagen

Die Mystik und Symbolik der Zahlen gehört zur ersten Dimension des Schöpfungsaktes und der Evolution im Universum. In ihr spiegeln sich alle sichtbaren und unsichtbaren Beziehungen im Kosmos in ihrer dichtesten Stofflichkeit und materiell-formhaften Darstellung wider.

Albert Einstein

Nach **Albert Einstein** (1879–1955) »… stellt sich Form als verdichtete Leere« dar.

Im Folgenden betrachten wir die mathematischen Grundlagen hierzu.

Die Rechenarten

Die Rechenarten, also die Weise, in der man Zahlen miteinander interagieren lässt, haben neben der arithmetischen eine noch viel tiefer gehende Bedeutung. Es entsprechen

- die **Addition** (z. B. 3 + 3) der **Eigenentwicklung,** d.h. dem Hinzugewinn neuer Qualitäten zu den bereits vorhandenen, die in den vorigen Wert eingehen,
- die **Multiplikation** (z. B. 3 x 3) der **Selbstwirkung,** d.h. der Bedeutung der beiden Zahlen für einen selbst im Verhältnis zur Einheit der Gottheit und der Annahme der eigenen Göttlichkeit,
- die **Aneinanderreihung** (z. B. 33) der **Selbstspiegelung,** d.h. der Eigenerfahrung – die Trinität spiegelt sich in der Dreiheit allen Seins, dem *Omne trinum perfectum,*

- die **Potenzierung** (z. B. 3^3) der **Eigenerlösung,** d. h. der Weiterentwicklung des Ursprungs,
- die **Wurzelziehung** (z. B. $\sqrt{3}$) dem **Erkennen** der Linearität und der Harmonie der organischen Form, gebunden in der Materie.

Die Zahlensysteme

- Das **Duodezimalsystem** auf der Basis der **Zwölf** (12) wurde in Lemuria und im alten Atlantis in der Zeit bis etwa 50 000 v. Chr. angewendet. Es entspricht der 4. Dimension des Überbewusstseins und der spirituellen Identität sowie dem unbegrenzten Raum der Tiefe.
- Im späten Atlantis von etwa 50 000 bis 10 000 v. Chr. wurde das **Dezimalsystem** auf Basis der **Zehn** (10) eingesetzt. Es gibt die 3. Dimension des Wachbewusstseins sowie den »begrenzten Raum« als holografisches System wieder.
- Eine Sonderform stellt in der neueren Geschichte das **Vigesimalsystem** auf Basis der **Zwanzig** (20) der Mayas und Azteken dar, das bis etwa 1500 n. Chr. Anwendung fand.

Die Zahlenwerte

Die sogenannte **theosophische Reduktion** stellt die einziffrige Quersummenbildung dar. Sie wird auch als »kosmischer Wert der Zahl« bezeichnet, z. B. von 244 durch 2 + 4 + 4 = 10 und damit 1 + 0 = 1.

Die sogenannte **theosophische Addition** bezeichnet die Summierung der Zahlen von ihrer Endsumme aus. Sie wird auch als »okkulter Wert der Zahl« bezeichnet. Sie entspricht z. B. für die 10 der Addition 1 + 2 + 3 + 4.

Die alten arabischen Symbole für die Zahlen von Eins bis Neun sind:

0 ①②③④⑤⑥⑦⑧⑨

Ungerade Zahlen (□) werden als aktive, männliche und positiv polarisierte Werte mit Impuls angesehen, **gerade Zahlen** (○) demgegenüber als passive, weibliche und negativ polarisierte Verdichtungen ohne Impuls.

Die Sonderzahlen

Die Primzahlen

Primzahlen sind natürliche Zahlen, die nur durch Eins und durch die eigene Ziffer teilbar sind, z. B.:

1, 2, 3, 5, 7, 11, 13, 17, 19, 23, 29, 31 usw.

Sie bestimmen die Zahlenfolgen der 5. Dimension der **Struktur.**

Die »vollkommenen Zahlen«

»Vollkommen« werden gerade Zahlen genannt, bei denen die Summe der Teiler wieder die Zahl selbst ergibt, z. B.:

$$6 = 1 + 2 + 3$$

Insgesamt gibt es 23 bekannte »vollkommene Zahlen«, z. B. 28, 496, 8128 und 33 550 336. Die Phythagoräer nannten sie *arithmos feleios,* »in sich geschlossene Zahl«.

Bei »vollkommenen Zahlen« beträgt die Quersumme immer Eins, die Summe der Kehrwerte all ihrer Teiler immer Zwei.

»vollkommene Zahlen«:	6	28	8128	33 550 336
Quersumme:	6	10 → 1	19 → 10 → 1	28 → 10 → 1
Kehrwert der Teiler:	6: $\frac{1}{1} + \frac{1}{2} + \frac{1}{3} + \frac{1}{6} = 2$			

Die »heiligen Zahlen«

Der Ziffer **Acht** (8) kommt eine überragende Bedeutung als grundlegende »heilige Zahl« zu. Außerhalb der Grundzahlen 1 und 2 ist die 8 die einzige Ziffer, die sowohl in der Fibonacci-Reihe der 1. Dimension vorkommt als auch in der Oktavierungsreihe der 2. Dimension.

1, 1, 2, 3, 5, 8, 13, 21, 34, 55, 89, 144 ... (Fibonacci-Reihe)
1, 2, 4, 8, 16, 32, 64, 128, 256, 512 ... (Oktavierungsreihe)

Sie bildet auch das Zentrum des Tai-Chi im asiatischen **Bagua**.
Eine Frequenz von 8 Hertz führt zu einer Harmonisierung der beiden Gehirnhälften. Der Kammerton A lag zu Zeiten von **Johann Sebastian Bach** (1685–1750) bei 432 Hertz, also 8 x 54. Der während des Dritten Reiches im Jahre 1939 (bis 1955) festgelegte neue Kammerton A lag bei 440 Hertz und damit in einem wichtigen Bereich von Disharmonie.
Weitere »heilige Zahlen« verbunden mit der »kleinen Glückszahl« Acht sind:

8 x 9 = 72
8 x 18 = 144
8 x 54 = 432
8 x 54 x 5 = 2160

Der Durchmesser der **Sonne** liegt bei 840 000 Meilen, jener des Mondes bei 2160 Meilen. Somit sind beide Vielfache von Acht.[3]

Der griechische Mathematiker **Pythagoras von Samos** (570–495 v. Chr.) stellte das Prinzip der **Ordnung** in den Mittelpunkt der Betrachtungen von Zahlen.

Pythagoras von Samos

»Alles im Universum ist mit ganzen Zahlen messbar.«

»Die Einheit entsteht aus dem Leeren und der Grenze.
Aus dem Einen werden Zahlen,
aus den Zahlen entwickelt sich das Universum.«
Pythagoras von Samos

Ungerade Zahlen werden der rechten Gehirnseite, geometrisch dem Quadrat, der Grenze, dem männlichen Prinzip, dem Licht und dem Positiven zugeordnet.

»Numero deus impare gaudet.« –
»An der ungeraden Zahl erfreut sich Gott.«

Gerade Zahlen werden der linken Gehirnseite, dem Unbegrenzten, der Vielfalt, dem Weiblichen, dem Kreis, der Finsternis und dem Negativen zugesprochen.

---

3   Vgl. auch www.secretsinplainsight.com.

Die **Pythagoräer** verbanden als Erste auch Zahlen mit geometrischen Formen, z. B. 1, 3, 6, 10 als Dreieckszahlen oder 1, 4, 9, 16, 25 als Quadratzahlen.

Auch die Zehn spiegelt als **Tetraktys** die Vollkommenheit wider:

$$3 \times 3 + 1 = 10$$
$$1 + 2 + 3 + 4 = 10$$

1

1 1

1 1 1

1 1 1 1

Sie repräsentiert den »gnostischen Anthropos« als Spiegelbild der Urquelle.

Hierin wird die Vielheit wieder zur Einheit. Dies zeigte sich auch im »Baum des Lebens« der altjüdischen **Kabbala**. Die zehn **Sephiroth** (hebr. saphar: »Zahl«) teilen sich auf in *Kether* (»Krone«), die 1. Sephira, aus der sich die 2. Sephira *Hokma* (»Weisheit«) und *Binah* (»Intelligenz«) herleiten. Es folgt *Chesed* (»Liebe«) als 4. und *Gebura* (»Gerechtigkeit«) als 5. Sephira. Darauf folgen *Tipheret* (»Schönheit«) als 6., *Bezach* (»Triumph«) als 7., *Yessod* (»Firmament«) als 8. und *Malkut* (»Wirklichkeit«) als 9. Sephira, abgeschlossen von der 10. Sephira *Schechina* (»Herrschaft«).

Die Sephiroth bestimmen die drei Welten der **Schöpfung** *(Beriah)*, der Präsenz von Wesenheiten *(Malkut)* sowie der materiellen Wirklichkeit *(Asijah)*. Darin zeigt sich die Vorstellung, dass nicht nur die physische, sondern alle Sphären mathematisch aufgebaut sind.

Der Glaube an eine rein mathematisch gestaltete Welt, eine *Harmonia mundi*, zeigte sich auch bei dem berühmten Astronomen des Mittelalters **Johannes Kepler** (1571–1630) in dessen Berechnungen der Töne und Umlaufbahnen der wichtigsten Planeten und Sterne.

Auch **Johann Sebastian Bach** (1685–1750) bezeichnete die Welt von Tönen und Klängen als »musikalische Mathematik«.

*Johannes
Keppler*

*Johann
Sebastian Bach*

Magische Quadrate einzelner Zahlenwerte

Magische Quadrate gehen zurück auf den weisen chinesischen Kaiser **Yü,** der von 2205 bis 2198 v. Chr. regierte. Er wollte die Überschwemmungen des gelben Flusses unter Kontrolle bekommen und bat um »Eingebungen von oben«. Im Traum erschien ihm die Schildkröte Hi, die auf ihrem Rücken eine Figur trug, die folgende Zahlen zeigte:

4	9	2
3	5	7
8	1	6

Feuer-Quadrat

Das Zentrum des Bildes zeigt die Zahl Fünf. Die Summe der waagerechten und der senkrechten Reihen sowie der Diagonalen ergibt immer die Zahl Fünfzehn. In den Ecken stehen (weibliche) gerade Zahlen, in den Mitten ungerade (männliche).

Diese »magischen Quadrate« hatten auch eine große Bedeutung im Islam und der arabischen Welt. Sie wurden den Elementen zugeordnet, das obige dem Feuer. Die restlichen sahen wie folgt aus.

6	1	8
7	5	3
2	9	4

Wasser-Quadrat

2	7	6
9	5	1
4	3	8

Erde-Quadrat

In dieser Bedeutung wurden sie auch in der Magie verwendet. Man kann »magische Quadrate« mit jeder arithmetischen Reihe erster Ordnung auf $(k)^2$-Feldern aufbauen, z.B. auf 16, 25, 36, 49 usw. Zellen. Diese Werte wurden im Mittelalter den verschiedenen Planeten zugeordnet, z.B. Saturn 9, Jupiter 16, Mars 25, Sonne 36, Venus 49, Merkur 64 und Mond 81. Bestimmte Quadrate wurden auch zu Heilungszwecken verwendet und auf Schutzamuletten eingesetzt, beispielsweise auf Rüstungspanzern. Sie hatten oftmals einen Bezug zu Gottesnamen und wurden bei Orakeln verwendet. Aus den Zahlwerten von Namen, Daten, Orten usw., aus denen man die Quersummen berechnete, entstand die Technik der Buchstabendeutung **Gematria,** die in Babylonien bereits 700 v. Chr. angewendet wurde. Eingang fand diese Technik auch in die altjüdische Kabbala.

Magische Quadrate der wichtigsten Planeten

Das »Saturn-Quadrat«

Bedeutung:

- Vergangene Erfahrungen verstehen
- Persönliche Eigenschaften entwickeln
- Die eigenen Grenzen erkennen
- Karmische Lernprozesse erfahren

Eigenschaften:

- Form des Quadrats: 3 x 3
- Enthaltene Ziffern: 1 bis 9
- Diagonalsumme: 15
- Summe des gesamten Quadrats: 45

4	9	2
3	5	7
8	1	6

Das »Jupiter-Quadrat«

Bedeutung:

- Erfolg auf rechtlichem Gebiet
- Ausweitung geschäftlicher Erfolge
- Glück und Erfolg
- Spirituelles Wachstum
- Aufbau harmonischer Partnerschaften

Eigenschaften:

- Form des Quadrats: 4 x 4
- Enthaltene Ziffern: 1 bis 16
- Diagonalsumme: 34
- Summe des gesamten Quadrats: 136

4	14	15	1
9	7	6	12
5	11	10	8
16	2	3	13

Das »Mars-Quadrat«

Bedeutung:

- In die Aktion gehen
- Energie und physische Stärke zeigen
- Persönlicher Mut und Willenskraft
- Kontrolle von Stimmungsschwankungen
- Wertschätzung materieller Sachverhalte

Eigenschaften:

- Form des Quadrats: 5 x 5
- Enthaltene Ziffern: 1 bis 25
- Diagonalsumme: 65
- Summe des gesamten Quadrats: 325

11	24	7	20	3
4	12	25	8	16
17	5	13	21	9
10	18	1	14	22
23	6	19	2	15

Das »Sonnen-Quadrat«

Bedeutung:

- Selbstvertrauen
- Gesundheit und Vitalität
- Führungsqualitäten
- Erreichen von Zielen
- Selbstdarstellung
- Erfolgreiche Durchführung neuer Projekte

Eigenschaften:

- Form des Quadrats: 6 x 6
- Enthaltene Ziffern: 1 bis 36
- Diagonalsumme: 111
- Summe des gesamten Quadrats: 666

6	32	3	34	35	1
7	11	27	28	8	30
19	14	16	15	23	24
18	20	22	21	17	13
25	29	10	9	26	12
36	5	33	4	2	31

Die Bedeutung der Zahlen

Die energetische Zahlenausrichtung

Zahlen gehören zu den ursprünglichen Informationsmedien im Universum. Sie wirken auf allen Seinsebenen als Formprinzipien und bestimmen damit auch die grobstoffliche Struktur der Materie. In ihrem rein quantitativen Aspekt bezeichnet man sie als Ziffern.

Gerade und ungerade Zahlen

Ungerade Zahlen (1, 3, 5, 7 etc.) werden auch als rechtsdrehendes, aktives, ausdehnendes, energieaufbauendes, positives, männliches Prinzip **mit Impuls,** gerade Zahlen (2, 4, 6, 8 etc.) als linksdrehender, passiver, zusammenziehender, nach innen gerichteter, energieabsorbierender, negativ polarisierter Aspekt Gottes **ohne Impuls** bezeichnet. Neutral ist die Nullpolarität der Urquelle.

Kommunikation geschieht im Kosmos deshalb im binären Code des digitalen Systems als Wechsel von Impuls und Nichtimpuls, eventuell verbunden durch eine Ruhephase der Null. Hier zeigt sich wiederum das »Geistige Gesetz der permanenten Dreiheit« bzw. der Trinität, das allem Sein zugrunde liegt.

Das »Pascal'sche Dreieck«

Im »Pascal'schen Dreieck« wird dieser Sachverhalt wie folgt dargestellt:

$$11^0 = 1 \rightarrow \text{Quersumme: } 1 = 2^0$$
$$11^1 = 11 \rightarrow 2 = 2^1$$
$$11^2 = 121 \rightarrow 4 = 2^2$$
$$11^3 = 1331 \rightarrow 8 = 2^3$$
$$11^4 = 14641 \rightarrow 16 = 2^4$$

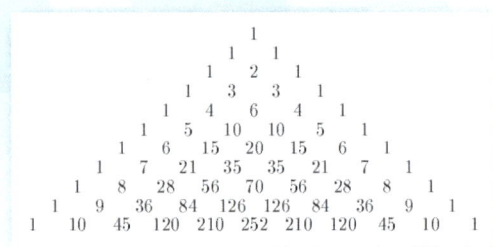

Das Pacalsche Dreieck mit versteckten Fibonaccizahlen

Das Zahlenfeld

In der Zahl 121 als Urprinzip des gesamten Systems schließen die beiden außenstehenden männlichen Aspekte der Eins die innenliegende weibliche Struktur der Zwei ein.

Als Ausbreitungsform im holografischen System ergibt sich für die Zahl 121 die sogenannte **Koch'sche Kurve** als fraktale Form.

Wurzelbeziehung, Zahl und geometrische Form

Es bestehen folgende interessante Zusammenhänge:

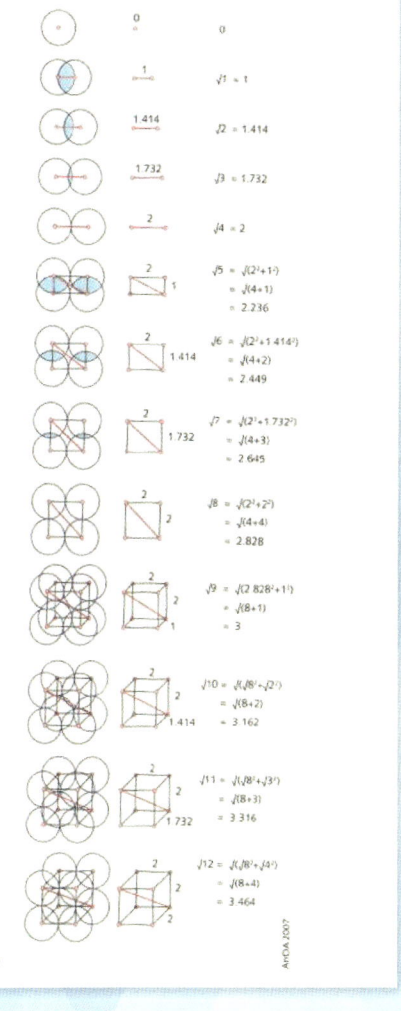

Die Zahlen von Eins (1) bis Neun (9) und das »Umkehrprinzip der Systeminformation«

Der Wiener Bioresonanzforscher **Erich Körbler** baute sein System der »Neuen Homöopathie« auf diesem »Umkehrprinzip der Systeminformation« auf, indem er die folgenden Farben und Anzahlen von Strichen miteinander verband und so mit Heilungsinformationen auflud.

1	Einheit, Ganzheit, Vollkommenheit, wechselseitige Vernetzung	1 Strich schwarz
2	Polarität, Dualität, Erfahrung durch Spiegelung	2 Striche violett
3	Trinität: Weisheit – Wille – Liebe, Ausdruck im Stoff, permanente Dreiheit	3 Striche indigo
4	Vier Gesichter Gottes, ausgedrückt in den vier Elementen	4 Striche hellblau
5	Individualität, freier menschlicher Wille, Leben in Bewegung, Äther (fünftes Element), Harmonie mit dem großen Ganzen	5 Striche grün
6	dichteste Masse, Stofflichkeit der Materie, Spiegelung	6 Striche rot
7	aufstrebender Mensch, Einstieg in die Spiritualität, optimale Erfüllung des individuellen und kosmischen Plans als Lebensziel	7 Striche orange
8	Auferstehung, Überwindung der quantitativen Komponente, der Masse und Grobstofflichkeit, der Polarität	8 Streiche gelb
9	Rückkehr ins Licht, vollkommener Mensch, vollständige Überwindung aller Polaritäten, chymische Hochzeit: Verschmelzung von Seele und Dualseele	9 Striche weiß

Acht Striche in Grün oder zwei Striche in Gelb wären eine falsche Zuordnung. Wollen Sie immer auf Nummer sicher gehen, dann bleiben Sie bei **fünf Strichen grün, das ist immer richtig.**

Dabei stehen waagerechte Striche für ein **Informationsdefizit,**

senkrechte für einen **Fließstau**

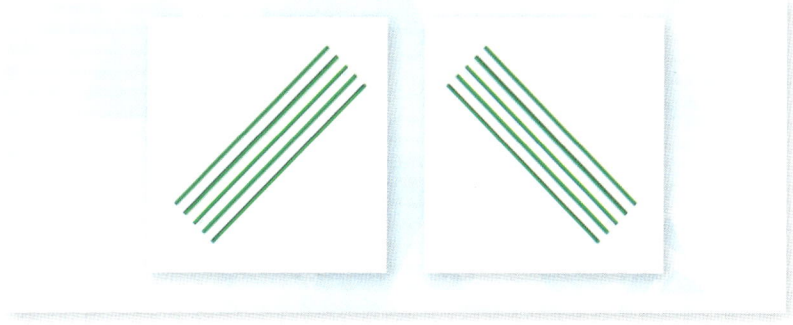

und diagonale für eine Kombination von beidem, also einen **informationsbedingten Fließstau.**

Die Zahlen Eins (1) bis Dreizehn (13) und das »Rad des ewigen Lebens und der Wiedergeburt«

0	Nullpotenzial der Liebe im Zustand der Stille, der Ruhe und des ewigen Seins als Punkt
1	Einheit allen Seins als Linie, Strich, Welle oder Möbius-Schleife
2	Polarität und Dualität in der Schöpfung der Fläche
3	Funktionalität der Verbindung von Polaritäten und Trinität von Weisheit, Wille und Liebe als Erkenntnis der »Entwicklung durch Erfahrungen« im begrenzten Raum
4	Umkehr der Drehrichtung der Drei, Manifestation der Welt im Stoff, Grundlage physischer Existenz durch die vier Elemente; Feinstofflichkeit wird zur Grobstofflichkeit
5	Individualität, freier menschlicher Wille, Mitte zwischen Eins und Neun 1, 2, 3, 4 = Erde → 5 = Mensch ← 6, 7, 8, 9 = Himmel als Struktur und Element Äther
6	Funktion im Lebenden, dichteste Masse und Materie, tiefste Dunkelheit, Spiegelung der Neun des »vollkommenen Menschen« als 666 zur 999 1 → 6 → 9
7	Lösung vom engen Stoff in die »unendliche Leichtigkeit des Seins«; der »aufstrebende Mensch« mit einem freien Willen befindet sich im Einklang mit dem göttlichen Willen auf dem Weg zur irdischen Vollkommenheit
8	Innere Kraft und Geschlossenheit, Entwicklung aus der Grob- in die Feinstofflichkeit, »mentale Überwindung des physischen Todes«, Unsterblichkeit, Überwindung der »doppelten Polarität«, ewige Wandlung in der Lemniskate, der liegenden Acht

9	Der »vollkommene Mensch« der chymischen Hochzeit, der Unio mystica, der Verschmelzung der letzten Polaritäten von Seele und Dualseele
10	Vollkommenheit in der Beständigkeit Die Einheit des Lichtes in der Eins strebt zum Nullpotenzial der Liebe (in der Null) zurück als »Rhythmus des Lebens«: 1 → 0
11	Gott spiegelt sich im Gottmenschen als Urrhythmus und Qualität der Schöpfung
12	Die »vollkommene Zahl« des Universums als Ende des laufenden Schöpfungsprozesses in totaler Harmonie mit dem kosmischen Rhythmus
13	Beginn eines neuen Schöpfungszyklus, Manifestation im Jenseitigen

Die wichtigsten Verbindungszahlen im »Zahlenraum«

Neben der 121 sind 33, 49, 81 und 98 die wichtigsten Verbindungszahlen im »Zahlenraum«. Dabei kommt besonders der Zahl 49 eine große Bedeutung zu, symbolisiert sie doch als 7 x 7 die schöpferische Ausrichtung der Gottheit und den »aufstrebenden Menschen« in der Multiplikation. Durch Addition der 49 mit sich selbst ergibt sich die Zahl 98. Diese drei Zahlen spiegeln die Dimension des »**Zahlenraumes**« wider.

Dabei steht die 81 als 9^2 für den männlichen, dynamischen Aspekt eines geordneten Zahlenfeldes im Prinzip der Eins, damit für die periodische Ausdehnung, ähnlich der **Euler'schen Zahl** 2,718…

Die 121 als 11^2 vereinigt alle einstelligen, geraden und ungeraden Zahlen in doppelter Ausfertigung in sich und steht somit mehr für den statischen, weiblichen Aspekt eines geordneten Zahlenfeldes und damit für das Prinzip der Zwei.

Die 49 als 7^2 repräsentiert den dritten, den neutralen Mittelaspekt des geordneten Zahlenfeldes.

Die drei Basiszahlen 81, 121 und 98 ergeben zusammen die Summe 300, also das Prinzip der Trinität in der doppelten Spiegelung des Nullpotenzials der Urquelle.

Nach dem Buch Exodus maß die Bundeslade zwei Ellen in der Länge, eine Elle in der Breite und eineinhalb Ellen in der Höhe. Rechnet man diese Zahlen in Zoll um, ergeben sich die Ziffern der drei »Tiere« aus der Apokalypse in der Umkehrung der Neun als »kosmischem Wert« bzw. »theosophische Reduktion« als einziffrige Quersumme wie folgt:

$$36 \rightarrow 9, 27 \rightarrow 9 \text{ und } 18 \rightarrow 9$$

Die Neun ist deshalb die Schlüsselzahl der »Offenbarung des Johannes«. Addiert man die Schlüsselzahlen aus der »Offenbarung des Johannes« 6 x 6 x 6 = 216, 36 und 27, so ergibt dies 279. Das Geburtsjahr von Nostradamus, 1503, findet man als 3 x 279 + 666 = 1503. 666 − 8 x 279 = −1566, das Todesjahr des Sehers.

Im 14. Kapitel der »Offenbarung des Johannes« werden die 144 000 Gerechten erwähnt, die mit Jesus Christus im Himmel regieren sollen.

$$144 \text{ x } 11 = 1584 = 2 \text{ x } 792$$
$$792 = 513 + 279 = \text{das Doppelte von } 396 = 66 \text{ x } 6$$
$$792 + 3 \text{ x } 666 = 2790$$

Die Besonderheit einzelner Zahlenwerte

Die »Geheimzahl« 1089

ÜBUNG

Denken Sie sich eine dreistellige Zahl, bei der sich die erste und die letzte Ziffer um mindestens zwei unterscheiden.

Dann drehen Sie die Zahl um, und ziehen Sie die kleinere Zahl von der größeren ab, also z. B.:

$$782 - 287 = 495$$

Danach tauschen Sie die erste Ziffer der neuen dreistelligen Zahl mit der letzten und zählen Sie beide zusammen, also z. B.:

$$495 + 594 = 1089$$

Am Ende ergibt sich immer die Zahl 1089 mit der Quersumme

$$1 + 0 + 8 + 9 = 18 \rightarrow 9$$

Auch gilt:

$$900 + 9 + 180 = 1089$$

Die **Neun** steht für den »vollkommenen Menschen«, der seine spirituelle Identität aufgegeben hat und über die **Zehn** als **Eins** zur **Null** hinstrebt.

Die Zusammenhänge der Zahl 13 824

Besonders interessant sind die erstaunlichen Zusammenhänge der Zahl 13 824.

Zerlegung von 13 824	Summe	Quersumme
1 + 3 + 8 + 2 + 4 =	18	9
13 + 8 + 2 + 4 =	27	9
13 + 82 + 4 =	99	9
138 + 2 + 4 =	144	9
138 + 24 =	162	9
1382 + 4 =	1386	9
1 + 38 + 24 =	63	9
1 + 382 + 4 =	387	9
1 + 3824 =	3825	9
1 + 3 + 82 + 4 =	90	9
1 + 3 + 8 + 24 =	36	9
13 + 8 + 24 =	45	9
1 + 3 + 824 =	828	9
13 + 824 =	837	9

13 824	Interpretation
$= 144 \times 8 \times 12$	Von allen Bewusstseinsdimensionen als $12 \times 12 =$ 144 wird der Mensch hier in die achte erhoben.
$= 8 \times 12 \times 144$	Jesu Leben dauerte in der dritten Dimension auf der Erde (einfache 8) 13 824 Tage.
$= 12^3 \times 8$	• Die dritte Dimension wird zur achten erweitert. • Die 12 Apostel begleiteten in der dritten Dimension Jesus, soweit sie ihm hier (als einfache 8) folgen konnten.
$= 8^3 \times 3^3$	• Jesus (888) bewirkt durch dreifache Drehung (durch Entfaltung der dreifach gedrehten Kundalini) eine Anhebung des Menschen. • Jesus lebte 33 Jahre.
$= 108 \times (2 \times 64)$	Es manifestieren sich der heilige Geist (108) und alle Bewusstseinsdimensionen (64) in ihrer Polarität (2).
$= 108 \times 128$	• Der Heilige Geist erscheint in der achten Bewusstseinsdimension (12/8). • Der Heilige Geist zeigt sich in der achten Oktave bzw. Dimension (die in der pythagoräischen Skala mit 128 beginnt).
$= 72^2 \times 2 \times 12 \times 8$	Die 72 heiligen Namen Gottes, zweifach gesungen in der achten Dimension. • Die 72 Jünger Jesu verkünden 24 Stunden die Trinität $= 3 \times 24$, zweifach in der achten Dimension. • Die 72 Erzengel des Alten Testament im 2. Buch Moses. • Zwei Winkel des Pentagramms (72×2) und die achte Dimension.
$= 144 \times 64 \times (3/2)$	In der Kathedrale von Chartres sind alle Bewusstseinsdimensionen (144/64) in einer Quinte (3 : 2) verschlüsselt.

39

Interessante Informationen wichtiger Zahlen ergeben sich im »Zahlenbaum«.

$$1 \times 9 + 2 = 11$$
$$12 \times 9 + 3 = 111$$
$$123 \times 9 + 4 = 1111$$
$$1234 \times 9 + 5 = 11111$$
$$12345 \times 9 + 6 = 111111$$
$$123456 \times 9 + 7 = 1111111$$
$$1234567 \times 9 + 8 = 11111111$$
$$12345678 \times 9 + 9 = 111111111$$
$$123456789 \times 9 + 10 = 1111111111$$

In den vergangenen dreißig Jahren haben sich die energetischen Verhältnisse auf der Erde stark verändert. Es bildeten sich Energieportale, die die Erde und die Menschheit mit dem Nullpotenzial der liebenden Urquelle verbinden. Dies geschah in folgenden Schritten:[4]

- **Harmonische Konvergenz** am 16./17. August 1987: In dieser Vollmondnacht nahm das Magnetfeld der Erde um das 16-Fache zu, und der Lichtkörperprozess begann.
- **Harmonische Konkordanz** am 8./9. November 2003: An diesem Vollmondwochenende bildete sich am Firmament der Nordhalbkugel ein Sterntetraeder.
- **Harmonische Konjunktion** am 3./4. Februar 2015: Es entwickelte sich der im Folgenden beschriebene Transformationsprozess von Erde und Menschheit.

---

4 Ausführlich u. a. bei Stelzl, Diethard: Die Entwicklung des Lichtkörpers. Darmstadt: Schirner 2010, S. 50 ff.

Die »Transformation der Materie« von der 666 zur 999

Diese ergibt sich über folgende dreistellige Zahlen und ihre entsprechenden Symbole.

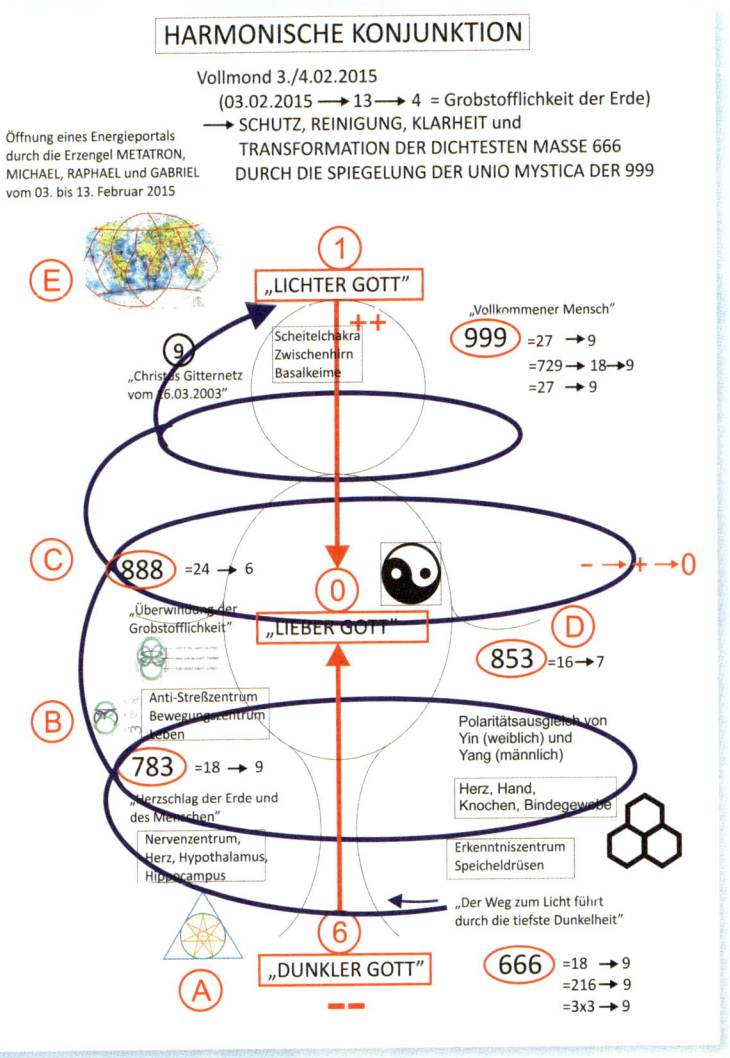

HARMONISCHE KONJUNKTION

Vollmond 3./4.02.2015
(03.02.2015 ⟶ 13 ⟶ 4 = Grobstofflichkeit der Erde)
⟶ SCHUTZ, REINIGUNG, KLARHEIT und
TRANSFORMATION DER DICHTESTEN MASSE 666
DURCH DIE SPIEGELUNG DER UNIO MYSTICA DER 999

Öffnung eines Energieportals durch die Erzengel METATRON, MICHAEL, RAPHAEL und GABRIEL vom 03. bis 13. Februar 2015

E

„LICHTER GOTT"

1

Scheitelchakra
Zwischenhirn
Basalkeime

++

„Vollkommener Mensch"

999 =27 ⟶ 9
=729 ⟶ 18 ⟶ 9
=27 ⟶ 9

9

„Christus Gitternetz vom 16.03.2003"

C 888 =24 ⟶ 6

0

− ⟶ + ⟶ 0

„Überwindung der Grobstofflichkeit"

„LIEBER GOTT"

D

853 =16 ⟶ 7

Anti-Streßzentrum
Bewegungszentrum
Leben

B

Polaritätsausgleich von Yin (weiblich) und Yang (männlich)

783 =18 ⟶ 9

„Herzschlag der Erde und des Menschen"

Herz, Hand, Knochen, Bindegewebe

Nervenzentrum, Herz, Hypothalamus, Hippocampus

Erkenntniszentrum Speicheldrüsen

„Der Weg zum Licht führt durch die tiefste Dunkelheit"

6

A

„DUNKLER GOTT"

666 =18 ⟶ 9
=216 ⟶ 9
=3x3 ⟶ 9

41

Dieser Transformationsprozess von Erde und Menschheit läuft in folgenden Stufen ab:

666

Die 666 ist die »Zahl des Tieres«, der dichtesten Masse und der stabilsten, dreidimensionalen Raumstruktur der sechseckigen Bienenwabe sowie der tiefsten Dunkelheit im Reich des Luzifers (lat., »Lichtträger«). Sie steht in den Körperfrequenzen der Bioresonanz für die Speicheldrüsen und das **Erkenntniszentrum.**

783

Umgewandelt wird es durch die elementare »Schumann-Welle« von 7,83 Hertz, dem »Herzschlag der Erde«. Als Körperfrequenzen des Menschen entspricht sie **Nervenzentrum, Herz, Epiphyse, Hypothalamus und Hippocampus** sowie der Liebesenergie.

853

Ihr folgt das Nullpotenzial des Ausgleichs der »doppelten Polarität« von Licht und Dunkelheit sowie Männlich und Weiblich. Sie ergibt sich nicht als Nullpotenzial ohne Ladung, sondern aus dem Ausgleich von Minus und Plus zur Null: − → + → 0 bzw. in der Form des Yin-Yang-Symbols.

888

Die 888 steht für die Überwindung der Grobstofflichkeit, den Aufbau der Feinstofflichkeit sowie die bewusste Dematerialisierung und erneute Materialisierung am Ende des Lichtkörperprozesses.

Als Schutzsymbol können Sie sie in der folgenden Form achtmal visualisieren:

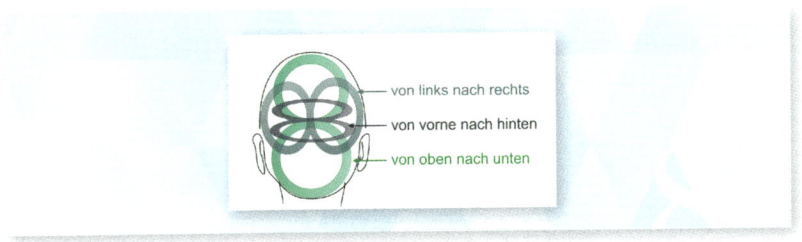

Als Körperfrequenz steht die 888 für das **Mobilitäts-** und das **Antistresszentrum,** also für das Leben als solches, sowie für die Überwindung **neurodegenerativer Störungen.**

999

Die Zahl des »vollkommenen Menschen«, die Neun, steht für die absolute Aufgabe der Polarität, die umfassende Verschmelzung aller Gegensätze, das Ende der individuellen Identität und die Rückkehr zu Licht und Liebe im Rahmen der Zahl Zehn als 1 → 0, also Bewegung vom »lichten« (1) zum »lieben« Gott (0).
Die Körperfrequenzen stehen für **Zentralsteuerung, Lichtdurchlässigkeit, Kreativität, Anbindung nach oben, Basalkerne** und **Scheitelchakra.**

Die Zahl Sechs steht für die größte Dichte der sich entwickelnden Grob-stofflichkeit, als 666 für den untersten Punkt des »Abstiegs in die Materie« im »Kreislauf des ewigen Lebens«, damit auch für den aktiven Lichtaspekt Luzifer, den göttlichen »Lichtträger« in der Dunkelheit. In Zahlen ausge-drückt sieht das folgendermaßen aus:

$$6 + 6 + 6 = 18 \rightarrow 9$$
$$6 \times 6 \times 6 = 216 \rightarrow 9$$
$$1 + 2 + 3 + 4 + 5 + 6 = 21 \rightarrow 3 \ (= \sqrt{9})$$

genauso wie:

$$9 + 9 + 9 = 27 \rightarrow 9$$
$$9 \times 9 \times 9 = 729 \rightarrow 18 \rightarrow 9$$
$$1 + 2 + 3 + 4 + 5 + 6 + 7 + 8 + 9 = 45 \rightarrow 9$$

Am 3./4. Februar 2015 öffneten die Erzengel Metatron, Michael, Raphael und Gabriel das 3. Energieportal der »Harmonischen Konjunktion« und leiteten damit die Transformation der dichtesten Materie der 666 zur Vollkommenheit der 999 ein.

Der Weg zum Licht des vollkommenen Menschen (der Neun) führt durch die tiefste Dunkelheit (der Sechs).

Im Unterschied dazu führen die reziproken Werte der **sechs Naturkon-stanten** als weiblicher Teil des Weisheitsaspekts Gottes im Innen zur Zahl 99, dem Symbol des Geistigen und der Spiegelung des »vollkommenen Menschen« der Neun in sich selbst.

Die Zahl 33 als die »Zahl Gottes«, in der sich die Trinität in der Dreifaltig-keit spiegelt, führt in der Addition über die 66 zur Zahl 99.

Gemeinsam bilden beide Zahlen die **Basisrelation im Zahlenraum,** nämlich die Beziehung:

$$33 + 66 = 99$$
$$\text{oder: } 99 - 33 = 66$$

Die Verbindung von Urquelle und Kosmos zeigt sich in der Relation:

$$\pi : e = 1{,}155$$

Das Zahlenfeld und die »Koch'sche Schneeflocke«

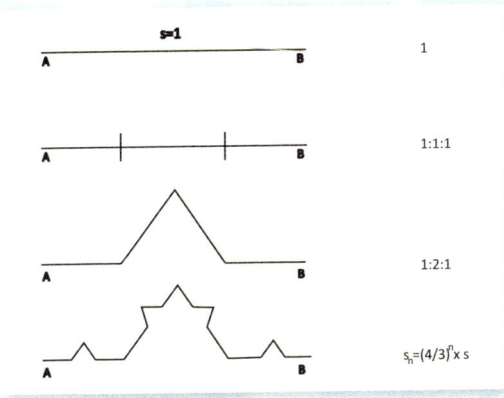

Aus der **Koch'schen Kurve** ergibt sich die aus der Chaostheorie bekannte »**Koch'sche Schneeflocke**« als Entwicklung nach innen zur Unordnung hin, auch Entropie genannt, dem Prinzip, das Leben und Wachstum im Kosmos erst ermöglicht.

Neben der Zahl 121 hat auch die Zahl 81 als Ausbreitungskonstante der 9 x 9 eine wichtige Bedeutung. Gemeinsam mit der Zahl 19 ergibt sich wieder 100.

$$81 + 19 = 100$$

Definiert ist die Koch'sche Kurve durch die Beziehung:

$$\log 4/\log 3 = 1{,}261$$

Die fraktale Dimension der davon abgeleiteten sogenannten **Cantor-Menge** ergibt sich daraus als:

$$\log 2/\log 3 = 0{,}6309$$

Mathematisch-geometrische Naturkonstanten

Die wichtigsten Zahlen in Verbindung zu geometrischen Formen sind:

Euler'sche Zahl e = 2,718   → Quersumme 18
Kreiszahl Pi π = 3,141   → 9
Oktavierungskoeffizient **2** = 2,000   → 2
$\sqrt{2}$ = 1,414   → 10
$\sqrt{3}$ = 1,732   → 13
$\sqrt{5}$ = 2,236   → 13

_____

Summe: 65
1 + 65 = 66

Bei den Kehrwerten ergibt sich folgendes Bild:

$1/e$ = 0,3678   → 24
$1/\pi$ = 0,3183   → 15
$½$ = 0,5000   → 5
$1/\sqrt{2}$ = 0,7071   → 15
$1/\sqrt{3}$ = 0,5773   → 22
$1/\sqrt{5}$ = 0,4472   → 17

_____

Summe: 98
1 + 98 = 99

Setzt man die sechs Naturkonstanten mit geometrischen Formen in Verbindung, erhält man folgende Werte:

$\sqrt{2} \triangleq 54{,}73°$	½ $\triangleq 35{,}26°$
$\sqrt{3} \triangleq 60{,}00°$	1/3 $\triangleq 30{,}00°$
$\sqrt{5} \triangleq 65{,}90°$	1/5 $\triangleq 24{,}09°$
$e \triangleq 69{,}80°$	1/e $\triangleq 20{,}19°$
$\pi \triangleq 72{,}34°$	1/π $\triangleq 17{,}65°$
2 $\triangleq 63{,}43°$	½ $\triangleq 26{,}56°$
1 $\triangleq 45{,}00°$	1/1 $\triangleq 45{,}00°$

Summe: 431,2°   198,7°

Addiert man die Werte 431,2° und 198,7° = 630,0°, erhält man 7 x 90,0°. Aus den ganzzahligen Winkeln 45 und 30 Grad ergeben sich die Bogentangenten 1 bzw. $\sqrt{3}$.

Die Beziehung e : $\sqrt{5}$ ergibt den Zusammenhang 69,80° : 65,90° = 1,059, den chromatischen Halbton (**Hunab** der Mayas).

Die Beziehung $\sqrt{2}$ – 1/$\sqrt{2}$ ergibt 54,73° – 35,26° = 19,47°. Dies entspricht der Ebene eines Paralleläquators der Grundlinien des Sternentetraeders innerhalb einer Kugel.

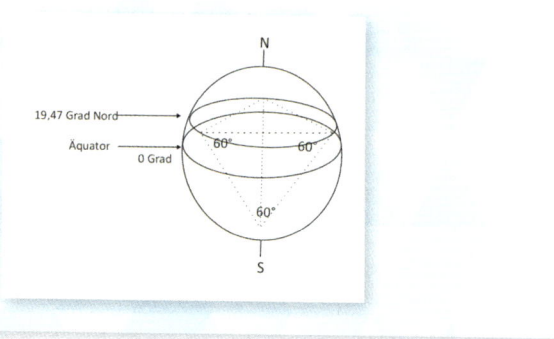

Die »Euler'sche Zahl«

Von **Leonard Euler** (1707–1783) stammt eine
weitere unendliche Reihe:

$$\frac{1}{1^2} + \frac{1}{2^2} + \frac{1}{3^2} + \ldots = \zeta(2) = \frac{\pi^2}{6}$$

$$e = 2{,}718\ldots$$

Die Zahl Phi des »Goldenen Schnittes«

Eine der wichtigsten geometrischen Zusammenhänge im Universum geht
auf die Verhältniszahl Phi (Φ) zurück, die im »Goldenen Schnitt« zum
Ausdruck kommt. Sie ist eine allumfassende Maßeinheit für alles Leben
und dessen formhafte, grobstoffliche Darstellung in organischen Strukturen. Dies gilt für die Proportionen des Menschen genauso wie für jene von
Tieren, Pflanzen und Kristallen, wird aber auch von bildenden Künstlern
und Architekten verwendet.

Entsprechen Bauwerke den Verhältniswerten des »Goldenen Schnittes«,
so wirken sie auf die Sinne und das Resonanzverhalten des Menschen
harmonisch. Außerdem ergibt sich dadurch eine größere Stabilität und
Lebensdauer.

Phi ist eine transzendente Zahl, wobei sich die Ziffern hinter dem Komma
bis ins Unendliche fortsetzen.

Die Zahl Phi = 1,61803… liegt dem »Goldenen Schnitt« zugrunde. In diesem Zusammenhang beschreibt sie eigentlich nur ein Verhältnis. Damit
wird ein Zusammenhang bezeichnet, bei dem das Verhältnis des ganzen
zum größeren Teil gleich ist dem Verhältnis des größeren Teils zum klei-
neren. Die beiden ungleichen Teile einer Grundlinie verhalten sich also
genau so wie die größere zum Ganzen.

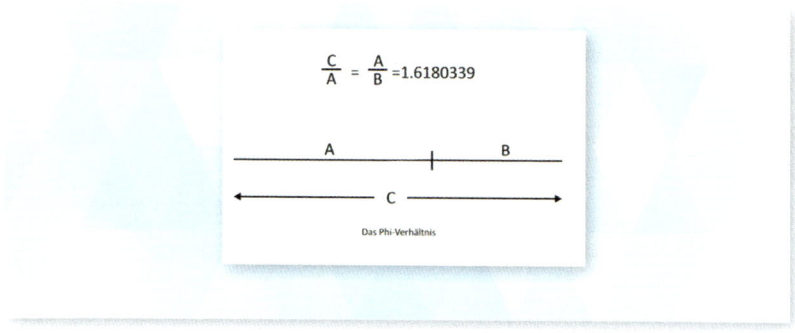

$$\frac{C}{A} = \frac{A}{B} = 1.6180339$$

A   B

C

Das Phi-Verhältnis

Mit der Diagonale als Radius schlägt man einen Kreisbogen zur Basislinie. Die Basislinie ist nun geteilt im Verhältnis Phi und es gilt:

C/A und A/B = 1,61803…

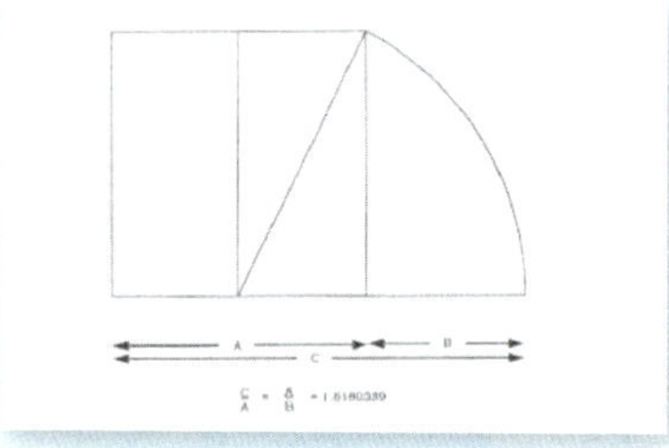

Eingebunden in einen Kreis kommt man zu den nachfolgenden Relationen:

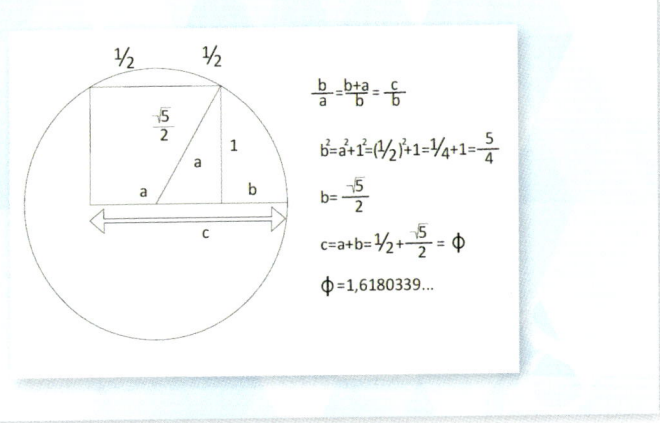

$$\frac{b}{a} = \frac{b+a}{b} = \frac{c}{b}$$

$$b^2 = a^2 + 1^2 = (\tfrac{1}{2})^2 + 1 = \tfrac{1}{4} + 1 = \frac{5}{4}$$

$$b = \frac{\sqrt{5}}{2}$$

$$c = a + b = \tfrac{1}{2} + \frac{\sqrt{5}}{2} = \phi$$

$$\phi = 1{,}6180339\ldots$$

Phi zeigt die untrennbare Verbindung des Teiles mit dem Ganzen. Es offenbart auch den holografischen Aufbau des ganzen Universums, weil letztlich alles mit allem durch geometrische Strukturen verknüpft ist.

Phi findet man überall im Universum, in den Spiralen von Galaxien, Schnecken, Muscheln, in den Harmonien der Musik, den Schönheiten der Kunst, in den Wachstumsmustern von Blumen und Pflanzen, im Verhalten von Licht und Atomen, in der Geometrie der großen Pyramiden in Ägypten und Mexiko, in den Schwankungsmustern des Marktes usw.

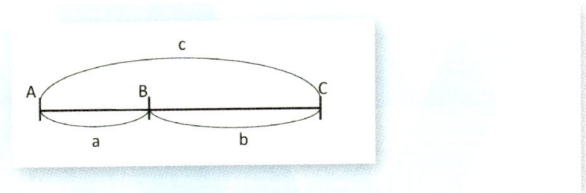

$AB : BC = BC : AC$

$a : b = b : c$

Wird in grobstofflichen, physischen Maßsystemen und materiellen Formen das Phi-Verhältnis als Attraktor verwendet, so ist das sich ergebende Gebilde in vollkommener Harmonie.

Die Zahl Pi (π) des Kreisumfangs

Die Zahl $\pi = 3{,}14159\ldots$ ist eine fraktale Größe in Verbindung mit einer Kreisform und dem Radius r, beispielsweise

- ist der Kreisumfang $2\pi r$,
- ist die Fläche πr^2,
- ist das Volumen πr^2 x H (Höhe),
- ist die Oberfläche $2\pi r^2 + 2\pi r$ x H.

Ihre erste Erwähnung fand sie im altägyptischen **Papyrus Rhind** ca. 1650 v. Chr. Die erste genaue Berechnung stammt vom französischen Mathematiker François Viète aus dem Jahre 1593 mit der Formel:

$$\frac{2}{\pi} = \left(\frac{1}{2}\sqrt{2}\right) \cdot \left(\frac{1}{2}\sqrt{2+\sqrt{2}}\right) \cdot \left(\frac{1}{2}\sqrt{2+\sqrt{2+\sqrt{2}}}\right) \cdots$$

Die harmonische Urschwingung der Sinuskurve

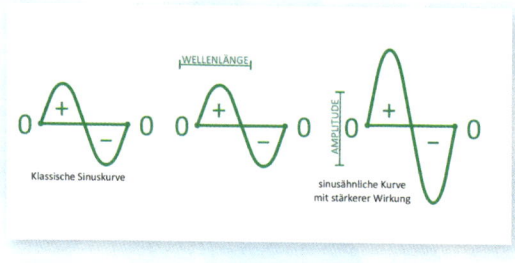

Sinuskurven müssen immer symmetrisch aufgebaut und gezeichnet sein, damit sie optimal wirken können. Sie zeigen dann ein bemerkenswert positives Ergebnis, wenn für das behandelte Phänomen die Maxime gilt:

Zurück zum Sender!

Besonders hilfreich sind sie bei Vergiftungen, etwa durch Schlangen- und Spinnenbisse, Insektenstichen, Quallenkontakten usw., aber auch bei extremen, lokal begrenzten Hautleiden wie furunkelartigen Pickeln, Lupusblasen, Herpes, Akne, Psoriasis, Neurodermitis sowie bei Warzenbehandlungen. Die Sinuskurve hilft auch bei Lebensmittelvergiftungen und der Umpolung gewisser Selbstzerstörungsprozesse und negativer Magieprogramme.

Eine Sinuskurve kann durch vier mathematische Größen definiert werden:

- Die **Wellenlänge** bestimmt in metrischen Maßen die Länge der Welle vom Beginn bis zum Ende mit einem Wellenhügel (positiv gepolt) und einem Wellental (negativ gepolt) im Rhythmus.
- Die **Frequenz** gibt die Zeit an, die eine Welle vom Anfang bis zum Ende einer Schwingung benötigt. Eine Schwingung pro Sekunde entspricht einem Hertz (Hz).
- Die **Amplitude,** gemessen in metrischen Maßen, gibt die Höhe des Wellenberges und damit die Intensität der Schwingung an.
- Der **Spin,** ausgedrückt in Grad, zeigt die Lage des elektromagnetischen Potenzials im Koordinatensystem.

Zahlen des sogenannten idealen Spins entsprechen aufgrund der universalen Ordnung wichtigen Winkelmaßen der tetraedalen Geometrie der 3. Dimension.

Sinuskurven stellen als Urschwingung »Aum« im Universum eine mathematisch exakt definierte Wellenbewegung dar. Genau betrachtet, gibt es nur eine einzige Sinuskurve, die der Form eines Halbkreises sehr nahekommt.

Da Sinuskurven Darstellungen sich genau entsprechender Wellenberge (positiv) und Wellentäler (negativ) sind, gleichen sie Polaritäten komplett aus und fixieren Energie auf einer Strecke des göttlichen Nullpotenzials. Sinuskurven mit höheren Ausschlägen haben eine größere Intensität und damit stärkere Wirkung. Der in metrischen Maßen gemessene jeweilige Ausschlag der Amplitude nach oben und unten, also die Intensität einer Schwingung, reguliert die Stärke des angestrebten Effektes.

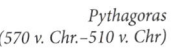

Die »Zahlenmystik des Pythagoras«

Für Pythagoras enhält jeder Punkt universale Informationen, die sich in höheren Dimensionen potenzieren.

Punkte im Quadrat

1 = 1 x 1, 4 = 2 x 2, 9 = 3 x 3, 16 = 4 x 4, 25 = 5 x 5 etc.

Punkte im Dreieck

Die Tetraktys im Hexagramm

Das »Pythagoräische Dreieck«

1	2	3	4
5	6	7	8
9	10	11	12

Zahlen spiegeln zum einen unsere **subjektiven** Einschätzungen wider, zum anderen unsere Wahrnehmungen in der **objektiven** Außenwelt, quasi als »stofflicher Spiegel« der geheimen Prinzipien aller Sachverhalte im Universum im Rahmen der »göttlichen Matrix«.

Der »Satz des Pythagoras«

Wenn a, b und c die Seiten eines rechtwinkligen Dreiecks sind und c die längste Seite (Hypotenuse), dann ist:

$$a^2 + b^2 = c^2$$

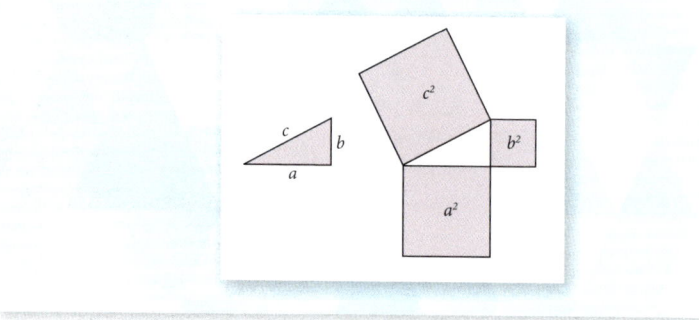

Zahlenmeditationen

Visualisieren Sie folgende Formen und Farben, und atmen Sie dabei mit geschlossenen Augen.

1.	——————	schwarz
2.	◯	violett
3.	⌣	indigo
4.	△	hellblau
5.	▢	grün
6.	▽	rot
7.	♡	orange
8.	◯	gelb
9.	▯	weiß

Individuelle Zahlensysteme

Die Lebenszahl als Ausdruck unseres kosmischen Planes

Die individuelle Lebenszahl errechnet sich aus der Quersumme des Geburtsdatums, also seines »kosmischen Wertes«, als wahre Bestimmung unseres Lebenszieles.

In Bezug auf den Autor heißt das z. B.:

Geburtsdatum 01.10.1942: 1 + 1 + 1 + 9 + 4 + 2 = 18 → 9

Die 9 als Lebenszahl deutet auf ein starkes Verantwortungsgefühl hin. Die **Lebenszahl** sagt im Rahmen Ihres eigenen Kosmischen Plans einiges über Ihren persönlichen Lebensweg aus. Neun Lebenswege beschreiben mögliche Schwierigkeiten und Lernprozesse, Stärken und Schwächen im täglichen Lebensfluss. Je weiter Sie vorankommen, desto stärker entwickeln sich die in der Geburtszahl festgelegten Qualitäten, sowohl im negativen Sinne mit destruktiven Formen als auch in positivem Sinne mit konstruktiven Gebilden.

1	Kreativität
2	Kooperation
3	Ausdruck
4	Stabilität
5	Freiheit
6	Visionen
7	Vertrauen
8	Anerkennung
9	Integrität, Verantwortungsgefühl

Die **Lebenszahl 1** steht umfassend für **Kreativität** in allen Bereichen: der Kunst, Ausbildung, dem Geschäftsleben, der Familie. Angeborene Unsicherheiten verschwinden, körperliche Tätigkeiten werden wichtig, Ihre Kreativität wirkt ansteckend auf andere.

Die **Lebenszahl 2** steht für **Kooperation** im Dienen und Helfen, Geben und Nehmen kommen in Einklang. Sie lernen, den eigenen Selbstwert zu erkennen und sich selbst wichtig zu nehmen.

Die **Lebenszahl 3** des **Ausdrucks** weist auf emotionale und sensible Eigenschaften hin, aber auch auf Überempfindlichkeiten hinsichtlich Kritik. Es besteht ein starker innerer Drang zum Selbstausdruck sowohl positiv als auch negativ. Zweifel an der eigenen Persönlichkeit und dem persönlichen Umgang mit schwierigen Situationen können hemmend wirken.

Die **Lebenszahl 4** steht für Struktur und **Stabilität,** aber u.U. auch für das Gegenteil, für Probleme und Unsicherheit. Wichtig ist es, auf die »innere Stimme« zu hören und sich einen klar gegliederten Ablauf im täglichen Leben zurechtzulegen.

Die **Lebenszahl 5** bringt die **Freiheit,** den Antrieb, die individuelle Motivation, die Vielfalt des Lebens in das Zentrum der eigenen Aktivitäten. Dramatik und Aufregung sowie die Freiheit der eigenen Entscheidungen sind bedeutungsvoll. Zwischen Abhängigkeit und Unabhängigkeit entstehen starke Spannungen.

Die **Lebenszahl 6** deutet auf hohe Ideale und **Visionen** hin. Schönheit, Reinheit, Gerechtigkeit, Fairness und Echtheit sind wichtig. Enttäuschungen und Desillusionierungen werden überbewertet. Der eigene Lebensweg wird als Lernprozess gesehen.

Die **Lebenszahl 7** dreht sich im Lauf des Lebens um **Vertrauen** zu Gott und zu sich selbst. Der eigene scharfe Verstand, Innenschau und Einsicht gestalten maßgeblich die eigenen Aktionen. Der Glaube an sich selbst vermittelt Sicherheit. Enger Kontakt mit der Natur gibt Kraft.

Die **Lebenszahl 8** bringt **Anerkennung** auch in Verbindung mit Beruf und materiellem Erfolg. Macht, Autorität und Wohlstand zeigen den Ausdruck eines wachen Verstandes. Aber auch höhere Ziele werden erreicht.

Die **Lebenszahl 9** der **Integrität und des Verantwortungsgefühls** baut auf Weisheit, Wissen und Willen auf und vermittelt Führungsqualitäten. Die starke eigene Ausstrahlung erleichtert dies und zeig Ihnen den richtigen Weg und die optimale Vorgehensweise.

Die persönliche Geburtszahl

Die Geburtszahl ist ein individueller Zahlencode. Er zeigt die jeweilige Persönlichkeitsstruktur und die Rahmenbedingungen des eigenen kosmischen Plans. Dieser vermittelt Informationen über Schwerpunkte der Lebensgestaltung und der Vorgehensweise, um eventuell noch vorhandene »unerledigte Hausaufgaben« aus früheren Leben zu bearbeiten. Die Geburtszahl zeigt Ihnen den rechten Weg, falls Sie diesen aus den Augen verloren haben sollten. Ihre Schwingungen vermitteln Sicherheit, Harmonie und Heilung und bringen Sie wieder mit Ihrem Seelenplan in Einklang. Die Zahl hat eine spezielle Schwingung, die von der Geburt bis zum Tod das gesamte Leben gestaltet und prägt. Diese Energie wird auch als **Grundenergie** bezeichnet, die im Unterschied zur Namensenergie nicht verändert werden kann. Von dieser gibt es 9 generelle Eigenschaften, die durch die jeweiligen Namensenergien beeinflusst werden können.

Die größte Bedeutung kommt dabei dem **Geburtstag** zu, in geringerem Maße auch dem Geburtsmonat und dem Jahr. Über den Geburtstag wird eine starke Verbindung zu bestimmten Planeten hergestellt, die wieder mit besonderen Eigenschaften verbunden ist.

Zurückgehend auf die einziffrigen Zahlen ergeben sich folgende Grund-
energien:

EINS (1) Sonne	Quersumme der Geburtstage 1, 10, 19, 28 Eigenschaften: Perfektionismus, positives Denken, Wil- lensstärke, Ideenreichtum, Freiheitsdrang, Vitalität
ZWEI (2) Mond	Quersumme der Geburtstage 2, 11, 20, 29 Eigenschaften: Fantasie, Kreativität, Harmonie, Unruhe, Intuition, Fröhlichkeit, Abgrenzungsschwierigkeiten
DREI (3) Jupiter	Quersumme der Geburtstage 3, 12, 21, 30 Eigenschaften: Ehrgeiz, Machtstreben, Ausdauer, Extrava- ganz, Pragmatismus, Prestige, Erfolg, Humor
VIER (4) Uranus	Quersumme der Geburtstage 4, 13, 22, 31 Eigenschaften: Stärke, Genialität, Prestige-Orientierung, Fantasie, Spiritualität
FÜNF (5) Merkur	Quersumme der Geburtstage 5, 14, 23 Eigenschaften: Wagemut, schnelles Denken, Impulsivität, Nervosität, Unruhe, Kontaktfreude
SECHS (6) Venus	Quersumme der Geburtstage 6, 15, 24 Eigenschaften: Romantik, Genusssucht, Sanftmut, Sturheit, Gutgläubigkeit, Harmoniesucht, Sinnlichkeit, Gemütlichkeit
SIEBEN (7) Neptun	Quersumme der Geburtstage 7, 16, 25 Eigenschaften: Spiritualität, Hellsichtigkeit, außersinn- liche Wahrnehmungen, Ängstlichkeit, Freiheitsdrang, Romantik
ACHT (8) Saturn	Quersumme der Geburtstage 8, 17, 26 Eigenschaften: Selbstbewusstseinsprobleme, Eigenwil- ligkeit, Sturheit, Stärke, Zielstrebigkeit, Kämpfernatur, Hilfsbereitschaft, Fanatismus, Verschlossenheit
NEUN (9) Erde	Quersumme der Geburtstage 9, 18, 27 Eigenschaften: Dominanz, Strenge, Härte, Temperament, Führungsqualitäten, Geradlinigkeit, harter Arbeiter, Aus- dauer, Gesinnungstreue

Die Namenszahl

Jedem Buchstaben kann eine Zahl zugewiesen werden.

1	2	3	4	5	6	7	8	9
A	B	C	D	E	F	G	H	I
10	11	12	13	14	15	16	17	18
J	K	L	M	N	O	P	Q	R
19	20	21	22	23	24	25	26	
S	T	U	V	W	X	Y	Z	

In jeder Spalte dieser Tabelle ist die Quersumme gleich. Somit ergibt sich eine Zuordnung jedes Buchstabens zu einer einstelligen Zahl.

1	2	3	4	5	6	7	8	9
A	B	C	D	E	F	G	H	I
J	K	L	M	N	O	P	Q	R
S	T	U	V	W	X	Y	Z	

Mit dieser Tabelle kann die Namenszahl bestimmt werden. Diese gibt neben den typischen Schwingungen der Persönlichkeit auch Einflüsse des Umfeldes wieder. Kosmisch gesehen verdichtet sich die gesamte universale Energie im Vornamen. Der Nachname spiegelt Umfeldbedingungen und Einflüsse der Ahnen wider. Normalerweise ändert er sich nur z. B. bei einer Heirat. Das kann hilfreich sein bei der Umstellung auf neue Lebensbedingungen, bei der Lösung familiärer Probleme sowie zur Stärkung des Selbstbewusstseins.

Beispiel:

DIETHARD: 4 + 9 + 5 + 2 + 8 + 1 + 9 + 4 = 42 → 6
STELZL: 1 + 2 + 5 + 3 + 8 + 3 = 22 → 4

Die »sprechenden Zahlen« der Gematria

In der Gematria werden Buchstaben als Zahlensymbole eingesetzt. So wird Sprache zu Mathematik. Wichtige kanonische, geometrische, musikalische, messtechnische und kosmologische Zahlen werden in alten Texten durch Schlüsselwörter definiert. Die zunächst in Griechenland verbreitete Gematria wurde später vom Hebräischen wie auch vom Arabischen übernommen, wo sie abjad heißt. In diesen drei Sprachen gibt es auch jeweils ein vereinfachtes System mit denselben Werten ohne die Null.

Das Beispiel rechts oben zeigt zwei verwandte Ausdrücke, die durch dieselbe Summe verbunden sind. Es vermittelt einen Eindruck von der magischen Resonanz zwischen Wörtern und Zahlen, die damals jeder schreib- und rechenkundige Leser erkannt hätte, denn vor mehr als tausend Jahren war die Gematria nicht nur eine okkulte Spezialkenntnis, sondern die übliche Darstellungsweise der Zahlen. Heute wird dieses Wissen noch von Mystikern und Magiern praktiziert.

Wichtige Frequenzen der Energieaktivierung

Wir leben in einem holografischen Universum, mit dem wir durch unser kosmisches Bewusstsein auf das Engste verbunden sind. Die Schwingungen des Nullpunktfeldes sind in der 3. Dimension als Frequenzen in dreiziffrigen Zahlenkombinationen festgelegt. Negativpotenziale haben negative Werte, was heißt, dass die Schwingungen in linksdrehenden Spiralen wirken und sich energieabsorbierend verdichten und verengen.

Die klassischen fünf Energiesysteme sind **Liebes-, Licht-, Willens-, Lebens-** und **Vitalenergie,** deren Werte idealerweise jeweils bei 100 % liegen sollten, in jedem Falle aber über 50 %. 70 bis 80 % wäre ein guter Wert. Er-

Der Heilige Geist		Brunnen der Weisheit	
TO ΑΓΙΟΝ ΠΝΕΥΜΑ		ΠΗΓΗ ΣΟΦΙΑΣ	
300.70 1.3.10.70.50 80.50.5.400.40.1	= 1080 =	80.8.3.8 200.70.500.10.1.200	
370 134 576		99 981	

Archaisches Phönizisch		Griechisch			Hebräisch		Arabisch (Ost/West)		Wert
ʾaleph	𐤀	alpha	A	α	aleph	א	ʾalif	ا	1
bet	𐤁	beta	B	β	bet	ב	ba	ب	2
gimmel	𐤂	gamma	Γ	γ	gimmel	ג	jim	ج	3
dalet	𐤃	delta	Δ	δ	dalet	ד	dal	د	4
he	𐤄	epsilon	E	ε	he	ה	ha	ه	5
waw	𐤅	digamma	F	ϛ	vov	ו	waw	و	6
zayin	𐤆	zeta	Z	ζ	zayin	ז	za	ز	7
het	𐤇	eta	H	η	het	ח	ḥa	ح	8
tet	𐤈	theta	Θ	θ	tet	ט	ṭa	ط	9
yod	𐤉	iota	I	ι	yod	י	ya	ي	10
kaf	𐤊	kappa	K	κ	kof	כ	kaf	ك	20
lamed	𐤋	lambda	Λ	λ	lamed	ל	lam	ل	30
mem	𐤌	my	M	μ	mem	מ	mim	م	40
nun	𐤍	ny	N	ν	nun	נ	nun	ن	50
samekh	𐤎	ksi	Ξ	ξ	samekh	ס	sin/ṣad	س ص	60
ʾayin	𐤏	omicron	O	o	ayin	ע	ʾayn	ع	70
pe	𐤐	pi	Π	π	pé	פ	fa	ف	80
sade	𐤑	qoppa	Q	ϙ	tsade	צ	ṣad/ḍad	ص ض	90
qof	𐤒	rho	P	ρ	quf	ק	qaf	ق	100
resh	𐤓	sigma	Σ	σ	resh	ר	ra	ر	200
shin	𐤔	tau	T	τ	shin	ש	shin/sin	ش س	300
taw	𐤕	ypsilon	Υ	υ	tav	ת	ta	ت	400
		phi	Φ	φ	kof	ך	tha	ث	500
		chi	X	χ	mem	ם	kha	خ	600
		psi	Ψ	ψ	nun	ן	dhal	ذ	700
		omega	Ω	ω	pé	ף	ḍad/ḍha	ض ظ	800
		san	Ϡ	ϡ	tsade	ץ	dha/ghayn	ظ غ	900
							ghayn/shin	غ ش	1 000

gebnisse unter 50 % wirken belastend und einengend, insbesondere, wenn sie bei oder unter 30 % liegen.

In der heutigen Zeit werden von anderen Menschen, aber auch von der »dunklen Seite« insbesondere die eigenen Energiepotenziale von Liebes-, Licht- und Willensenergie abgezogen. Dies geht umso besser, wenn die eigene Aura Löcher hat oder vielleicht sogar zusammengebrochen ist. Dann fällt es schwer, Entscheidungen zu treffen und die eigenen Lebensumstände zu kontrollieren. Orientierungs-, Hilflosigkeit und Ohnmacht sind die Folgen. Mangel an Eigenliebe wird verstärkt, die Dunkelheit nimmt zu und zeigt sich als Depression oder selbstzerstörerische Programme mit schweren Krankheitsbildern.

Dies kann geändert werden, für sich selbst, aber auch für andere.

Übung

Sagen Sie viermal »Bitte«, oder stellen Sie sich eine von innen nach außen linksdrehende Spirale vor.

Bauen Sie über Atmung und Visualisierung Lebensenergie auf.

Schauen Sie die Symbole für die verschiedenen Energieformen an (S. 68), und integrieren Sie sie als Bild.

Konzentrieren Sie sich auf die Zielperson. Stellen Sie einen telepathischen Kontakt her.

Sprechen Sie laut oder leise den Namen und die Zahl der dreiziffrigen Energiefrequenz, und bauen Sie eine bildhafte Visualisierung des entsprechenden Symbols auf.

Wiederholen Sie dies immer wieder so lange, bis die Energie fließt, was Sie als Wärme, Kribbeln, Lockerheit und Leichtigkeit spüren.

Sagen Sie viermal »Danke«, oder stellen Sie sich eine rechtsdrehende Spirale vor.

Wollen Sie ein Negativpotenzial von Minus auf Plus **umpolen,** gehen Sie ähnlich wie oben beschrieben vor.

Übung

Sagen Sie viermal »Bitte«.
Nennen Sie den Vornamen der Person.
Sprechen Sie danach die Minusfrequenz, z. B.
für Angst –666 oder –615 oder –550 oder –900.
Es folgt die Codezahl der Umpolung 567.
Sagen Sie danach die Ausgangszahl als positiven Wert, also
+666 oder +615 oder +550 oder +900.
Wiederholen Sie diese willentliche Vorgabe so lange, bis sich eine positive Erleichterung, Wärme, Kribbeln oder ein angenehmer Energiefluss einstellen
Sagen Sie viermal »Danke«.

Ein Negativpotenzial zu **löschen,** ist ebenfalls möglich, braucht aber länger und muss öfter wiederholt werden.

Übung

Sagen Sie viermal »Bitte« oder visualisieren Sie das Symbol der linksdrehenden Spirale.
Bauen Sie über Atmung und Visualisierung Lebensenergie auf.
Nennen Sie den eigenen Vornamen oder den eines anderen laut oder leise.
Definieren Sie die dreiziffrige Minusfrequenz, z. B. –985 für Schuld.
Sprechen Sie die Codezahl des Löschens 975 aus.
Nun folgt die Null.
Wiederholen Sie dies so lange, bis Sie einen positiven Eindruck haben.
Sagen Sie viermal »Danke«, oder stellen Sie sich das Symbol der rechtsdrehenden Spirale vor.

– WICHTIGE ENERGIEFREQUENZEN und ENERGIEAKTIVIERUNGSSYMBOLE –

1. **LIEBESENERGIE**   <u>7.83 Hz</u>   →   783   →

2. **LICHTENERGIE**   <u>11.9 Hz</u>   →   119   →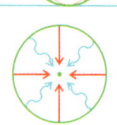

3. **WILLENSENERGIE**   <u>690 Hz</u>   →   690   →

4. **LEBENSENERGIE**   <u>330 Hz</u>   →   330   →

5. **VITALENERGIE**   <u>141 Hz</u>   →   141   →

VORGEHENSWEISE

1. <u>LÖSCHEN mit 975</u>

SUCHT/WUT	-325	→	975	→	0
STRESS	-880	→	975	→	0
ANGST	-666	→	975	→	0

2. <u>UMPOLEN VON MINUS AUF PLUS mit 567</u>

SCHULD	-985	→	567	→	+985	= Freiheit

ALLGEMEINE NEGATIVFREQUENZEN

(mit minus vorne)

	Krankheitsbild	Frequenz/en
A	Angstneurose	61.50 – 90.00
	Angst, Unruhe	5.50
	Appetitlosigkeit	31.00 – 35.00
	Ärger, Neid	94.50
	Aufladung allgemein	49.00
	Aufladung biologisch	64.00 – 72.50
	Augen	75.00 – 79.00
	Ausdauermangel	75.00 – 79.00
	Ausgeglichenheitsdefizit	0.50 – 40.25
B	Beruhigungsmangel	5.50
	Bewegungsmangel	45.00
D	Denkzentrum	47.50
	Depressionen	91.50 – 92.50 – 94.50 – 99.50
E	Einschlafstörungen	77.00 - 5.00 – 92.50
	Eiterpickel	77.00
	Empfindungszentrum	72.50
	Energiemangel, Lebensmutmangel	77.50
F	Föhnempfindlichkeit	99.50
	Fresszellenneubildung	66.50
	Frigidität	97.00 – 27.50
	Fußnägelanomalie	46.50
	Fußpilz	37.00
G	Gallenblasenstörung	45.00
	Gehstörungen	45.00
	Gelenke	0.00
	Gelenkentzündung	99.00
	Gelenkrheuma	13.00 – 70.50 – 78.00 – 94.00
	Gelenkskrankheiten	53.50
	Gewebedurchblutungsstörungen	85.50
	Gicht	74.00 – 75.50 – 89.50 – 95.50
H	Halszentrum	20.00
	Hautzentrum	6.00 – 85.00
	Heilungszentrum	12.50 – 18.00 – 23.00 – 28.00
	Heiserkeit	13.50 – 21.00
	Herz-Chakra	85.00
	Herzinfarkt	43.50 – 95.50
	Herzinsuffizienz	39.00 – 39.50 – 41.00(links) – 43.00 (rechts)
	Herzrhythmusstörungen	38.00 – 38.50 – 95.00 – 97.00
	Herzzentrum	40.00 – 77.50
	Heuschnupfen	83.50
	Hoffnungslosigkeit	72.40
	Hormonhaushalt Frau	2.50
	Hormonhaushalt Mann	3.50
	Hormonzentrum	20.50
	Hörzentrum	60.00
I	Intoleranz	47.10
	Intuition	7.50
K	Kehlkopf	13.50
	Keuchhusten	59.00

	Kieferentzündung	93.50
	Kiefersperre	96.50
	Kiefer-Stirnhöhlen-Entzündung	74.00
	Kinderlosigkeit	98.00
	Kleinhirnaufbau	90.00
	Knie	0.00
	Kniearthritis	0.00
	Kniearthrose	0.00
	Konzentrationslosigkeit	80.00
	Konzentrationszentrum	21.00 – 80.00 – 80.50
	Kopfhaut	85.00
	Kopfschmerzen-Stirn	7.00 – 32.50 – 96.00
	Kopfschmerzen-Genick	96.50
	Kreativitätszentrum	57.50 – 99.00 – 0.00
L	Lymphe	77.50
M	Milz-Chakra	11.50
N	Nabel-Chakra	90.00
	Nervenzentrum	10.00 – 93.50
S	Scheitelchakra	0.00
	Schlafsteuerung	5.00 – 92.50
	Schleimbeutelentzündung	54.50
	Sehzentrum	70.00
	Sexualzentrum	55.00
	Solarplexus-Steuerung	15.00
	Sonnenbrand	72.50
	Sprachzentrum	67.50
	Steuerung Herzkammer	41.00 – 43.00
	Stirnchakra	95.00
T	Taubheitsgefühl	87.50
	Teillähmung	98.50
	Tiefschlaf	92.00
	Tennisarm	66.50
	Tränendrüsen	11.00
	Traumzentrum	97.50
V	Verdauungszentrum	25.00
	Verschleimung Bronchien	24.00
	Verschleiß Wirbelsäule	84.50
W	Wachstumssteuerung	2.50
	Wärme-Kälte-Empfindung	37.50
	Warzen	26.50 – 36.00 – 85.50 – 89.50
	Weisheitszähne	93.50
	Weitsichtigkeit	31.50
	Wetterfühligkeit	33.00 – 50.50
	Wirbelsäule	2.00 – 2.50 – 3.00 – 3.50 – 67.50
	Wirbelsäulenverkrümmung	3.00
	Wundfieber	23.00
Z	Zeitzentrum	10.00
	Zellalterungsstörungen	69.0

ALLGEMEINE POSITIVFREQUENZEN

(mit plus vorne)

Positivprogramm	Frequenz/en
Friede	23.10
Fröhlichkeit	22.00
Güte	35.00
Körperliches Wohlbefinden	8.00
Lebensenergie	12.50 – 36.00
Lebensmut	92.50
Tapferkeit	77.50
Wille	84.00
Freude	17.50
Gutmütigkeit	87.50
Nächstenliebe	82.50
Trauer	72.50
Erinnerung	90.00
Verantwortungsbewusstsein	87.50
Herzzentrum, Kontrollfrequenz	5.00
Sauerstoffaufnahme des Blutes	50.00
Blutversorgung	50.00
Beruhigung	5.50
Sympathikus, Vagusnerv	92.50

1. Die Steuerinstanzen der drei Selbste

999	–	777	–	555	–	141
Hohes Selbst	–	ICH	–	EGO	–	Unteres Selbst

GEHIRNFREQUENZEN

HOHES SELBST	999 → 7.83
FREIER MENSCHLICHER WILLE	777
EGO 555	ICH 777
Selbstzerstörung	-555
„Innerer Saboteur – 555	„Innerer Heiler" 997 = Selbstheilung 799
Gottesmodul – 88.8 → 888	Pyramide
Umpolen 567 → Löschen 975	2.5 – 51.5 – 89.5 – 99.5

2. Wichtige positive Organfrequenzen

Marienfrequenzen	2.5 – 5 – 10 – 20 – 40 – 80 – 160
Wichtige Organfrequenzen	7.5 – 10 – 40
Epiphyse	2.5 – 7.5 – 10 – 22.5 – 49 – 55.5 – 88.8
Lungen	72 – 77
Leber	13 – 30.5 – 34.5 – 56 – 69 – 77.5 – 79
Lymphe	20.5 – 27 – 33 – 44.5 – 75
Pankreas/Bauchspeicheldrüse	24.5 – 25.5 – 37 – 52 – 56 – 77.5 – 79
Zellerneuerung	22.5 – 69.0 – 79.5 – 93.0 – 93.5
Nieren	10 – 12.5 – 19 – 36 – 52.5 – 90.5
Milz	54 – 54.5
Atmung	75.0
3.Auge	70.5

3. Minusfrequenzen von Körperzonen, Organen und Steuerpunkten

Parasitenzentrum (–)	8.53 – 53.5 – 88.5
Abst. Dickdarm (–)	11 – 25 – 55.5 – 61 – 70.5 – 96

4. Positivprogramme (→ gezielt aufbauen)

FREUDE	60.5 – 68.5 – 69.0

Fröhlichkeit	99.5
Lockerheit	41.5
Leichtigkeit	73.0 – 73.5
Dankbarkeit	92.5 – 97.5
Lebensbejahung	57.0 – 57.9
Demut	67.8 – 75.9 – 93.5
Hingabe	39.6 – 70.3 – 75.3 – 80.0
VERTRAUEN	33.3 – 57.9 – 97.0
Mitgefühl	22.7 – 40.0
Glück	13.3 – 88.8
Harmonie	77.7 - 99.9 – 100.0
Verantwortung	12.5 – 22.5 – 23.5
Lächeln	012 – 67,8
ACHTSAMKEIT	25.7 – 32.1 – 56.8 – 97.5
FÜLLE	33.3 – 11.1

5. Negativprogramme (mit Minus – vorne → bewusst löschen)

ANGST	(–) 56.5 – 57.5 – 61.0 – 61.5 – 66.6 – 95.0 (Todesangst 61.0)
ANGST	(–) 666 → 975 → 0
SCHULD	(–) 11.0 – 55.0 – 67.0 – 68.0 – 95.0 – 98.5 – 985 → 975 → 0
Schock	(–) 24.5 – 32.0
Wut	(–) 32.5 – 36.5 – 40.0 – 90.0. – 94.5
Stress	(–) 43.5 – 88.
Selbstzerstörung	(–) 6.5 – 22.5 – 40.0 – 44.0 – 70.0
Triebhafter Sex	(–) 55.0

II. UMPOLUNG UND LÖSCHUNG

1. **Umgepolt wird wie folgt:**
   – 666 (Angst) → 567 (Umpolen) → + 666
2. **Gelöscht wird wie folgt:**
   – 666 (Angst) → 975 (Löschen) → 0

Heilen mit kosmischen Symbolen der 1. Dimension[5]

Striche

Strecken können als männliches Element in Form von **Strichen** aneinandergereiht werden, wobei eine feste Zuordnung zwischen der Anzahl der Striche und ihren Farben besteht.

In der praktischen Anwendung bedeutet das, dass die Visualisierung von **Grün** als Farbe der Mitte, der Harmonie und der Heilung immer mit fünf Strichen zu verbinden ist, Orange mit sieben, Indigo mit drei Strichen usw. Von dieser festen Zuordnung sollten Sie nicht abweichen.

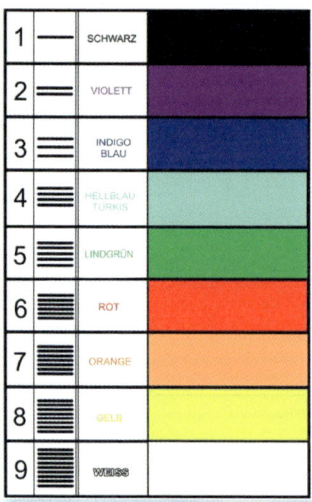

---

5 Ausführlich beschrieben u. a. bei: Stelzl, Diethard: Heilen mit kosmischen Symbolen. Ders.: Kosmische Symbole – Das Arbeitsbuch. Darmstadt: Schirner 2012. Ders.: Kosmische Symbole – Eine praktische Einführung. Darmstadt: Schirner 2015.

Wellenlinien

Das weibliche Element in der 1. Dimension stellen **Wellenlinien** dar, ebenfalls mit der festen Zuordnung zwischen Anzahl und Farbe wie bei Strichen.

Kreuze

Striche können auch zu unterschiedlichen **Kreuzformen** zusammengefügt werden. Hiervon gibt es eine ganze Reihe, wobei festgestellt werden muss, dass die meisten Kreuzformen eine negative Auswirkung haben. Positive bzw. neutrale Wirkung zeigen Kreuzformen, die rechtwinklig und gleichschenklig zusammengesetzt sind.

Die bekanntesten beiden Kreuzformen sind das sogenannte Markuskreuz bzw. »griechische Kreuz«, das auf die vier Himmelsrichtungen ausgerichtet ist, sowie das sogenannte Andreaskreuz, das gegenüber dem Markuskreuz um 45 Grad gedreht ist, sodass die vier Eckpunkte ein imaginäres Quadrat beschreiben.

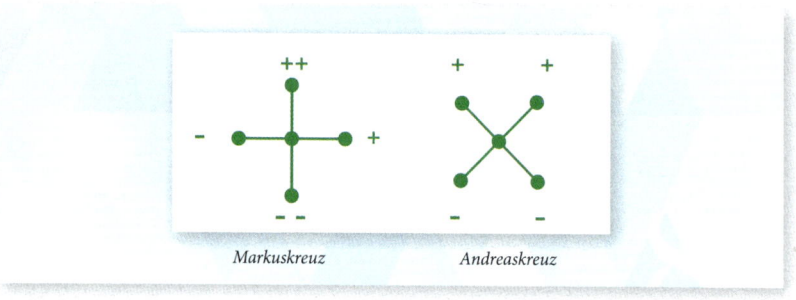

Markuskreuz   *Andreaskreuz*

Beide dargestellten Kreuzformen neutralisieren die in ihrem Bereich liegenden energetischen Potenziale und Informationen, da sie gleichmäßig und genau entgegengesetzt gepolt aufgebaut sind. Das Andreaskreuz hat allerdings eine Schenkellänge, die 25 bis 30% größer ist als die des Markuskreuzes und besitzt deshalb einen um diesen Prozentsatz höheren Wirkungsgrad. Es ist deshalb nur sinnvoll, Markuskreuze zu verwenden, wenn das negative Informationspotenzial gegenüber dem positiven eindeutig überwiegt (z. B. bei starken Schmerzen), denn durch dieses Symbol wird auf der entsprechenden Fläche grundsätzlich jede an Materie gekoppelte Information neutralisiert.

Ypsilonkombinationen

Die geometrischen Form des **Ypsilons** stellt zum einen eine Verbindung zum Himmel her mit seiner meist elektrischen und zur Erde mit ihrer weitgehend magnetischen Energie. Es symbolisiert damit auch das Prinzip des asiatischen Systems von Yang und Yin. Wichtig ist, dass der Winkel zwischen den beiden Schenkeln des Ypsilons genau 90° beträgt und die drei Striche gleich lang sind.

Sollten sie in ihren Maßen noch der sogenannten Fibonacci-Reihe, also 1, 1, 2, 3, 5, 8 usw., in cm entsprechen, wäre dies ideal, weil somit zur Form noch die Aussage und Bedeutung der Zahl hinzutritt.

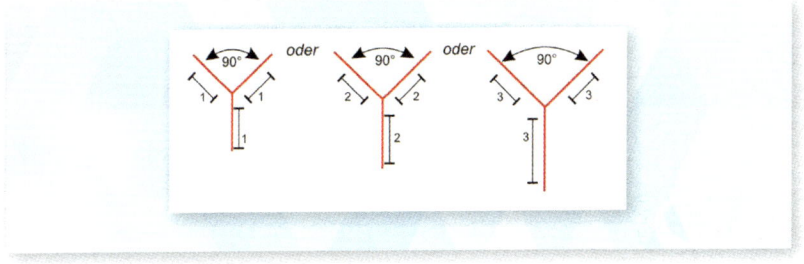

Bei der Anwendung von kosmischen Symbolen steht das geometrische Zeichen in Form eines Ypsilons für die folgenden Themen:

- **Rotes Ypsilon, nach oben geöffnet:** Elektrische Energie wird zugeführt. Gleichzeitig wird grundsätzlich von Minus auf Plus umgepolt, egal, worum es geht, jedoch nicht umgekehrt. Dies ist wichtig, z. B. beim energetischen Aufbau von Organen.
- **Blaues Ypsilon, nach unten geöffnet:** Magnetische Energie wird aktiviert, der Erdkontakt verstärkt. Ein (elektrischer) Energieüberschuss wird reduziert.

- **Grünes Doppel-Ypsilon, nach oben und unten geöffnet:** Energie-potenziale werden ausgeglichen, Wechselwirkungen harmonisiert (wichtig z. B. bei Hormonschwankungen).

- **Doppel-Ypsilon, oberer Teil rot, nach oben geöffnet, unterer Teil blau, nach unten geöffnet, grüner Punkt in der Mitte:** Wechsel-wirkungen mit Selbstzerstörungstendenzen und schwarzmagischen Wirkungen werden ausgeglichen (wichtig z. B. bei Autoimmuner-krankungen).

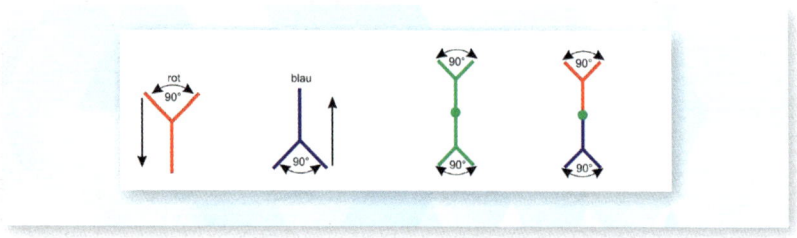

Einsatzmöglichkeiten bestehen im Bereich der Steuerpunkte von Thymus, Vi-ruserkrankungen, Schock, Sucht, Zellerneuerung, Schlafstörungen, Selbstbe-strafung, Magie, Sexualität und Gewalt, Blutdruck, Organschwächen, Druck, Mobilität, Rheuma, Genetik, Hormonen, Blut, Lungen, Übergewicht u. a.

Halbkreis- und geschwungene Formen

Diese Formen treten als runde Motive in verschiedenen Kombinationen auf, die keine Wellen sind, sondern beispielsweise ovale Formen, und kei-ne Flächen bilden. Sie dienen dem Abbau von zu viel elektrischer Energie.

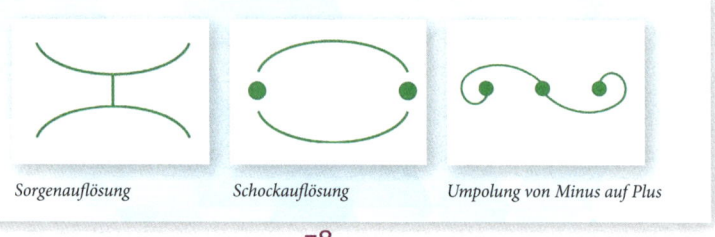

Sorgenauflösung *Schockauflösung* *Umpolung von Minus auf Plus*

Spiralen

Spiralen stellen Wellenformen dar, die sich nicht überkreuzen und keine Flächen bilden, was zeichnerisch etwas schwierig ist. Dabei stehen sie immer für Dynamik und Bewegung, sehr oft für das **Loslassen alter Gefühlsmuster.**

In Bezug auf ihre Richtung gelten dieselben Kriterien wie für Striche und Wellen, also:

- Waagerecht = Informationsdefizit
- Senkrecht =Fließstau
- Diagonal = Informationsdefizit und Fließstau

Das Symbol der **Spirale** findet sich bereits bei vielen Urvölkern, wo es die Dynamik des Lebens darstellt, beispielsweise in Newgrange in Irland.

Die einfachste Form stellt die »**Archimedische Spirale**« dar, bei der sich während der Drehbewegung der Radius proportional zum Drehwinkel vergrößert.

Im »**dreidimensionalen Spiralsystem**« sind an den Kreuzungspunkten der horizontalen Ebene symbolisch die Spiralfunktionen zu erkennen, welche sich aus den Primzahlen ableiten. Sie haben eine starke energetische Wirkung.

Die »**sechsstellige Spirale**« baut auf einem mathematischen Zusammenhang auf, der als das »Sieb des Eratosthenes« bekannt wurde, benannt nach dem griechischen Gelehrten Eratosthenes von Kyrene (273–194 v. Chr.). Aus einer vorgegeben Zahlenfolge werden dabei jene Ziffern vernachlässigt, die keine Primzahlen sind.

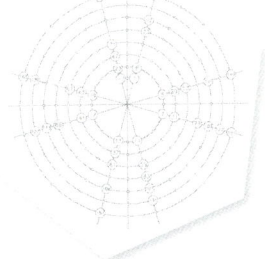

Die bekannteste Spiralform geht auf **Leonardo Fibonacci** von Padua (1170–1240) zurück. Sie spiegelt den »Goldenen Schnitt« wider, da sie nach der »Fibonacci-Reihe« aufgebaut ist. In der Natur ist sie oft anzutreffen.

Mäanderformen

Mäander stellen komplizierte Verschachtelungen der männlichen Qualität mit rechten Winkeln dar. Sie erhielten ihren Namen nach dem verschlungenen Lauf des griechischen Flusses Mäander.

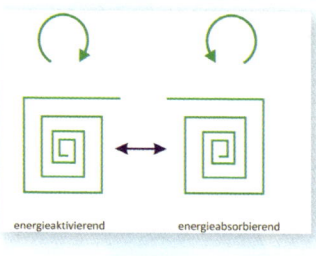

Schutzsymbole der 1. Dimension

Übung: »Öffnen« und »Schließen«

Ziehen Sie zum »Öffnen« mit dem rechten Arm über dem Kopf von links nach rechts einen Strich, verlängern Sie ihn vom Kopf die Wirbelsäule hinunter bis zu den Füßen, und stellen Sie den Körper und die Aura von dort aufsteigend in eine vierfache linksdrehende Spirale.

Ziehen Sie zum »Schließen« mit dem rechten Arm über dem Kopf von rechts nach links einen Strich, verlängern Sie ihn vom Kopf die Wirbelsäule hinunter bis zu den Füßen, und stellen Sie den Körper und die Aura von dort aufsteigend in eine vierfache rechtsdrehende Spirale.

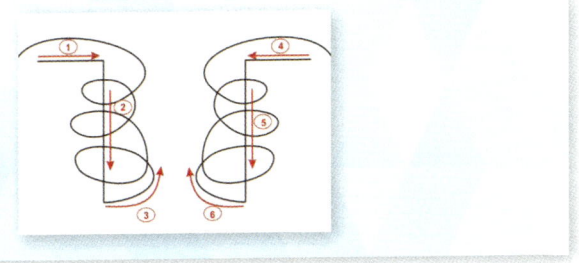

Diese Symbole finden u. a. als **Choku Rei** beim **Reiki** Anwendung. Sollten Sie dabei das »Öffnungssymbol« anwenden, müssen Sie nach Abschluss der Heilsitzung unbedingt auch das »Schließungssymbol« verwenden.

Die Verbindung von Zahl und Buchstabe

Hebräisch-Griechisch-Deutsches Zahlen-Alphabet

Name	Laut	Zahlen-wert	Name	Laut	Zahlen-wert	Zei-chen	Zahlen-wert
Alef	A/E/I/O	1	Alpha	A	1	A	1
Bet	B (V)	2	Beta	B	2	B	2
Gim-mel	G	3	Gam-ma	G	3	C	3
Dalet	D	4	Delta	D	4	D	4
Hesh	H	5	Epsilon	E	5	E	5
Vav	W (O/U)	6	Digam-ma	F	6	F	6
Zayn	Sz	7	Zeta	Z	7	G	7
Chet	Ch	8	Eta	Ä	8	H	8
Tete	Th	9	Theta	Th	9	I	9
Yod	I (J)	10	Jota	I (J)	10	J	10
Kaf	K (Kh)	20	Kappa	K	20	K	20
Lamed	L	30	Lamb-da	L	30	L	30
Mem	M	40	My	M	40	M	40
Nun	N	50	Ny	N	50	N	50
Sa-mekh	Ss	60	Xi	X	60	O	60
Ajin	(A/E/I/O)	70	Omik-ron	O	70	P	70
Peh	P (Ph)	80	Pi	P	80	Q	80
Zade	Z	90	Epise-mon-bau			R	90
Qoph	Q	100	Rho	R	100	S	100

Name	Laut	Zahlen-wert	Name	Laut	Zahlen-wert	Zei-chen	Zahlen-wert
Resh	R	200	Sigma	S	200	T	200
Shin	Sch/S	300	Tau	T	300	U	300
Tav	T	400	Ypsilon	Y (U)	400	V	400
			Phi	Ph (F)	500	W	500
			Chi	Ch	600	X	600
			Psi	Ps	700	Y	700
			Omega	Oo	800	Z	800

Das althebräische »Buch der Schöpfung«: Sefer Yetzirah

Dem »Buch der Schöpfung«, dem **Sefer Yetzirah,** ist zu entnehmen, dass sich die verdichtete, stoffliche Realität und manifestierte Wirklichkeit von allem Anfang an in den 22 Buchstaben des hebräischen Alphabets ausdrückte.

Die **Urkraft der Einheit** spiegelte sich dabei in den drei Grund-Buchstaben und ursächlichen Schöpferlauten wider:

Alef (19), *Mem* (13), *Shin* (21)

Aus deren Schwingungen entstanden, spiralförmig angeordnet in fraktaler Form, die sieben Doppelformen:

Bet (2), *Gimmel* (83), *Dalet* (4), *Kaf* (199), *Peh* (17), *Resh* (20), *Tav* (822)

Danach folgten die restlichen 12 Einzelbuchstaben:

Hesh (5), *Vav/Vau* (6), *Zayn* (7), *Chet* (8), *Tete* (9), *Yod* (10), *Lamed* (12), *Nun* (14), *Samekh* (15), *Eyin* (169), *Tzadi* (189), *Kuf* (19)

Die drei Mutterbuchstaben		
א	מ	ש
Alef 1	Mem 13	Shin 21

Die sieben Doppelbuchstaben						
ב	ג	ד	נ	פ	ר	ת
Bet 2	Gimmel 3	Dalet 4	Kaf 19	Peh 17	Resh 20	Tav 22

Die zwölf Einzel- oder Elementarbuchstaben					
ה	ו	ז	ח	ט	ד
Heh 5	Vav 6	Zayn 7	Chet 8	Tet 9	Yod 10
ל	נ	ם	ע	צ	ק
Lamed 12	Nun 14	Samekh 15	Eyin 16	Tzadi 18	Kuf 19

In der Folge leitet sich die Bedeutung des göttlichen Namens aus den Buchstaben ab:[6]

Der Name Gottes als JHWH*. In den DNS jeder Körperzelle des Menschen als JHWG**
(nach dem hebräischen Alphabet)

DNS-BASE	CHEM. ELEMENT	HEBRÄISCHER BUCHSTABE	ANZAHL DER ATOME	POLUNG	ELEMENT	EBENE
1. ADENIN (A) → JOD (J)	WASSERSTOFF (H) Stickstoff (N) Sauerstoff (O) Kohlenstoff (C)	JOD (J) HE (H) WAU (W)	5 JJJJJ 5 HHHHH 0 - 5 GGGGG	+ + POSITIV MÄNNLICH	FEUER Δ rot	SPIRITUAL ÜBER-BEWUSSTSEIN
			Summe A= 15			
2. CYTOSIN (C) → HE (H)	Wasserstoff (H) STICKSTOFF (N) Sauerstoff (O) Kohlenstoff (C)	JOD (J) HE (H) WAU (W) GIMEL (G)	6 JJJJJJ 3 HHH 1 W 4 GGGG	+ - NEGATIV MÄNNLICH	LUFT gelb	MENTAL WACH-BEWUSSTSEIN
			Summe C = 14			
3. THYMIN (T) → WAU (W)	Wasserstoff (H) Stickstoff (N) SAUERSTOFF (O) Kohlenstoff (C)	JOD (J) HE (H) WAU (W) GIMEL (G)	6 JJJJJJ 2 HH 2 WW 5 GGGGG	- + POSITIV WEIBLICH	WASSER grün	EMOTIONAL-ASTRAL UNTER-BEWUSSTSEIN
			Summe T = 15			
4. GUANIN (G) → GIMEL (G)	Wasserstoff (H) Stickstoff (N) Sauerstoff (O) KOHLENSTOFF (C)	JOD (J) HE (H) WAU (W) GIMEL (G)	5 JJJJJ 5 HHHHH 1 W 5 GGGGG	- - NEGATIV WEIBLICH	ERDE blau	PHYSISCH MATERIELLER KÖRPER
			Summe G = 16			

*JH = 10 + 5 = 15   Summe A + T = 15 + 15 = 30 bzw. Summe C + G = 14 + 16 = 30   →   zeigt den ewigen Aspekt des Gottesnamens
JHWH = 10 + 5 + 6 = 21 → 3
JHWH = 10 + 5 + 6 + 5 = 26   →   8   steht für „den Unaussprechlichen"
**JHWG = 10 + 5 + 6 + 3 =24   →   6   steht für „Gott im Menschen"
WG = 6 + 3 = 9   steht für den „vollkommenen Menschen"

---

6   Vgl. auch: Stelzl, Diethard: Licht – Quelle des Lebens und der Liebe. Petersberg: Via Nova 2007.

JHWH	J	Jod	10	Das Ganze
	H	He	5	Das Gotteslicht
	W	Wod	6	Die Harmonie
	H	He	5	Das Gotteslicht

Der Name Gottes bedeutet: Die Lebendigkeit des immerwährenden Lichtes, das in jeder unserer Zellen verankert ist.[7]

Diese Bedeutung beinhaltet auch den geheimen Namen Gottes:

»Ich bin, der ich bin.«

Aus diesem ergibt sich wiederum der geheime Name des Menschen:

»Ich bin ich.«

Das menschliche Gehirn registriert, zumindest in der rechten, bildhaft ausgerichteten Gehirnhälfte, keine Verneinungen. Im Universum gilt, wie in der modernen Computertechnologie, als grundlegende Kommunikationsmaxime der binäre Code im **digitalen System.** Ein positiver Impuls bedeutet **Plus** und eine aktive, rechtsdrehende, aufbauende energetische Schwingung. Ein ausbleibender Impuls, also Null, bedeutet als passive, linksdrehende, energiebindende Kraft **Minus.** Dies stellt die Ursache dafür dar, dass positives Denken einen so starken allgemeinen Energiezustrom auf allen Ebenen bewirkt.

Im ersten Teil der Schöpfungsgeschichte der Genesis gibt es keinerlei Verneinungen. Der »schöpferische Gott« wird als Elohim bezeichnet, dessen einzelnen Strahlen die verschiedenen Stufen des Schöpfungsprozesses bestimmen.

Im zweiten Teil der Genesis gibt es insgesamt acht Stellen mit Verneinungen. Die Zahl Zwei steht dabei charakteristisch für Polarität und Vernei-

---

7   Ausführlich hierzu u. a. Braden, Greg: The God Code. Burgrain: Koha 2004.

nung, bis sie zum Wandel in der grenzüberschreitenden Lemniskate der Acht führt, die die Grobstofflichkeit in die Feinstofflichkeit leitet.

Die ersten drei Wörter der Bibel bedeuten beispielsweise in Zahlen ausgedrückt:

bereschit	bara	elohim
Im Anfang	schuf	Gott
1. 2. 3. 4. 5. 6.	7. 8. 9.	10. 11. 12. 13. 14.

TEIL II:
Die Symbolik der Zahlen

Allgemeines

Die neuere Physik bestätigte die wichtigen Erkenntnisse vergangener Hochkulturen über die universale Ordnung:

- Alles ist Schwingung, vor allem Zahlen und Symbole als geometrische Formen der Weisheit der »göttlichen Matrix« in der 11. Dimension.
- Alles ist Energie, die sich zu Materie verdichtet und Form wird.
- Alles ist mit allem wechselseitig vernetzt und verbunden, also »quantenverschränkt«.
- In der »Heiligen Geometrie« offenbart sich das Mysterium der Schöpfung als Grundlage unseres Seins.

Zahlen besitzen dabei eine mathematische Wertfunktion sowie ein spezielles Resonanzverhalten als Schwingung. Jede **Ziffer** hat eine bestimmte Frequenz und ein berechenbares Schwingungsfeld.

Am Anfang des Schöpfungsprozesses stand ein Bewusstseinsakt, eine Entladung des Geistpotenzials der Urquelle, die u. a. die zwölf Stufen der Wandlungen im »**Rad des ewigen Lebens und der Wiedergeburt**« auslöste,[8] die wiederum zur Einheit auf einer höheren Evolutionsebene in der Dreizehn führte.

---

8   Asführlich dargestellt u. a. bei: Stelzl, Diethard: Im Einklang mit der universalen Ordnung. Petersberg: Via Nova 2007.

Frequenzen für Körperzonen – Kraftzentren – Farben – Töne					
Chakras		**Farben**		**Töne**	
Nr.	**Bezeichnung**	**Billionen-Hertz**	**Bezeichnung**	**Hertz**	**Bezeichnung**
13	**Christuskraft**		Weiß-Gold	614,91/1229,81	
12	**Kosmisches Bewusstsein**				Akkord Kontrapunkt E-G-H
11	Alpha	358.5	Magenta	652,17/1304,34	E-Oberton
10	Kronen/Scheitel	380.3	Violett	691,7/1383,4	F-Oberton
9	Stirn/3. Auge	403.0	Indigo	733,62	Dis/E
8	**Hals/Kehlkopf**	**427,8** **453,7**	**Blau** **Hellblau**	389,04/778,08 412,62/825,24	**Dis**
	Psycho-Harmonie	475.0	Türkis	432,0	D
7	Herz 1 + 2	534,3 503,8	Hellgrün – Rosa Grün	485,95 458,18	Cis/D C
6	Solarplexus	566,7	Gelb/Limone	515,4	H
5	Sakral	601,0	Orange	546,64	A/Ais
4	Wurzel/Basis	637,0	Rot	579,77	Gis
3	Omega	676,0	Ziegelrot	614,91	C-E-G Akkord
2	Knie	717,0	Braunrot	652,17	G/Gis
1	Fußsohlen und Füße	760,5	Purpurrot	691,7	**Fis/G**

Die **Null** stellt die Qualität des Absoluten und des Nichts dar. Die **ungeraden Zahlen** (1, 3, 5, 7, 9, 11 …) werden als aktiv, positiv, ausdehnend, energieaufbauend mit Impuls und männlich angesehen. Sie tendieren zur Einswerdung mit dem Zentrum. Die **geraden Zahlen** (2, 4, 6, 8, 10, 12 …) werden als negativ, passiv, zusammenziehend, energieabsorbierend ohne Impuls und weiblich bewertet. Sie sind immer eine Folge der Multiplikation mit Zwei, damit der Polarität und der Spiegelung von Innen und Außen.

Die Bedeutung einzelner Zahlen

Die NULL (0) – Raum- und Zeitlosigkeit

Die **Null** ist keine natürliche Zahl. Sie ist nicht fassbar, zu bewerten und zu berechnen. Sie entzieht sich dem logischen Verständnis und Nachvollziehen durch den Menschen. Sie stellt die Urquelle im Zustand des ewigen Seins dar ohne jegliche Beschränkung durch Raum und Zeit, in uneingeschränkter Stille, im ewigen Schweigen der transzendentalen Dimension, das Ruhen im eigenen Selbst. Die Null wird deshalb auch als **Unzahl** bezeichnet, sie ist keine Ziffer, sondern ein Symbol. Geometrisch dargestellt wird sie als Punkt für »**Gott im Innen**«, eine Form, die man nicht weiter verkleinern kann.

Alles und nichts

Die Null wurde im 6. Jahrhundert erstmals in Indien als *Schunya* (»Leere«) verwendet. Die arabische Bezeichnung heißt »die Zahl, die nichts bedeutet«. Auch die Mayas verwendeten in ihrem 20er-Zahlensystem die Null, die dort der Neunzehn folgte. Als Symbol fungierte eine leere Muschel, also das **Hohle.**

Im Tarot entspricht die Null der 22, dem »Narren«. Null und Eins stellen die zwei Grundinformationen im »binären Code« der Computersprache dar. Als Handzeichen werden Daumen und Zeigefinger miteinander verbunden.

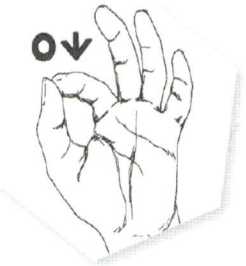

In der Quantenphysik steht die Null für ein physikalisches Vakuum oder den Hyperraum, in dem die Quelle aller Informationen zu finden ist. Man spricht auch vom Nullpunkt- oder Quantenfeld, in dem eine Qualitätsveränderung eintritt.

Die Null steht demnach für die ewige Stille, das unbewegte Vakuum, die absolute Mitte der Nicht-Polarität, das ungestörte Gleichgewicht der Ruhe.

Von allem Anfang an existierte die Urquelle als Geist, als in einem Punkt zentriertes, dimensionsloses, allumfassendes Bewusstsein. Bezieht sich dieses auf das ewige Sein, entfaltet es seine Kraft.

In der Realisation des Nichts entwickelte sich die Schöpfung als Prozess, indem die Eins aus der Null hervorging. Aus dem dimensionslosen Punkt der Null entstand durch den Vorgang des »Öffnens« als erstem Impuls der Ausdehnung die **Linie**. Wird sie durch zwei Punkte definiert, entsteht aus der Linie die **Strecke** und damit die Polarität. In der Geometrie dient die Strecke beispielsweise als Radius eines Kreises und führt so ins Sein der 2. Dimension als Spiegelung des Außen im Innen.

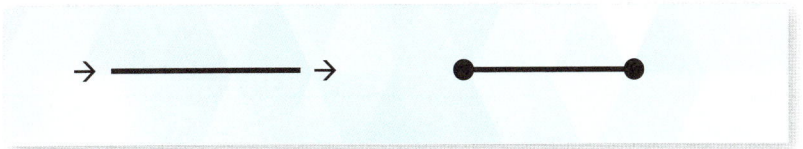

Affirmation: »Ich bin in meiner Mitte.«

Die EINS (1) – Kreativität und Selbstfindung als Monade

Die Eins steht für Gleichheit, Ganzheit, göttliche Weisheit, das sich selbst erfahrende Sein der Gottheit in der Unendlichkeit ohne Begrenzung durch Raum und Zeit. Alles stammt von und aus der einen und einzigen Urquelle. Dies zeigt sich im 1. Geistigen Gesetz der **Geistigkeit, Einheit, Ganzheit, Vollkommenheit und wechselseitigen Vernetzung allen Seins.**

Die Eins symbolisiert die natürliche, notwendige und höchste Einheit, den Schöpfer selbst, die allumfassende Gottheit, die Basis allen Seins, den göttlichen Geist und die **Monade,** das Ja zum Sein und zu sich selbst. Sie weist auf Eindeutigkeit, Selbstverständlichkeit und Eigenerfahrung hin.[9] Sie steht für das Erscheinen des Lichtes aus der ewigen Dunkelheit heraus und damit für die Möglichkeit der Eigenerfahrung, Bewertung und Selbstdarstellung der Gottheit. Sie repräsentiert den in der Mitte ruhenden Zustand als einzige Objektivität im Universum.

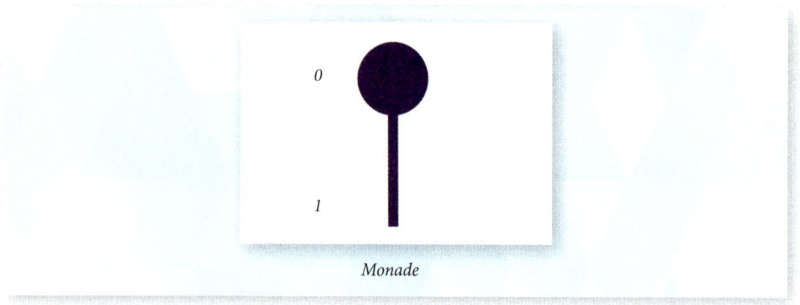

Monade

---

9   Ausführlich dargestellt u. a. bei: Stelzl, Diethard: Die Einweihungen der Pharaonen. Darmstadt: Schirner 2009.

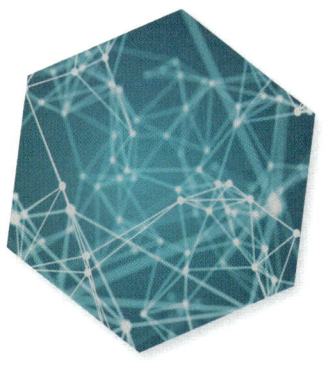

Eins bedeutet **Ausdruck des Egos** in Form von Kreativität und Selbstfindung. Die Einheit durchdringt jede Zahl. Ich erfahre die Welt und damit mich selbst. Die Eins ist sich immer selbst gleich und enthält alle Zahlen in sich vereint.

Die Eins stellt die männliche Komponente der Urquelle dar, den **Willen,** der die unendliche Weisheit der göttlichen Matrix und der universalen Ordnung umsetzt in die virtuelle Wirklichkeit und materielle Realität der Schöpfung.

>»Gleich wie die Einheit ist in einer jeden Zahl,
>so ist auch Gott der Ein' in Dingen überall.«
>*(Angelius Silesius)*

Die Eins symbolisiert:

- das Ur-Eine und die **All-Einheit**
- das Nicht-Polare
- Einheit, Ganzheit und Geistigkeit gemäß dem 1. Geistigen Gesetz
- die Vollkommenheit des Einen
- das absolute Sein
- alle Weisheit und alles Wissen
- eine Fibonacci-Grundzahl
- eine Zahl, die nur durch sich selbst teilbar ist
- im Tarot den Magier, das Rad des Glücks und die Sonne
- den Kreuzungspunkt oder »Hotspot« der Lemniskate im Herzen
- die Strecke der 1. Dimension als **Länge**
- eine »**Möbius-Schleife**«
- das 1. (Wurzel-)Chakra in der Farbe Rot
- den Beginn des Osiris-Weges

Affirmation: »Ich bin eins mit allem.
Ich erfahre so die Welt und mich selbst
im Innen und im Außen.«

Die ZWEI (2) – Polarität und Spiegelung als Dyade

Die Zwei bestimmt die Handlung durch Spiegelung in der Zweiheit der Polarität und deren Umsetzung in der Dualität des Schöpfungsprozesses. Sie bringt die Urquelle und deren Spiegelung im Außen zum Ausdruck als eine relative Seinswahrscheinlichkeit.

Die Zwei zeigt das Auseinanderfallen der absoluten göttlichen Einheit. Erst durch die Spiegelung im Außen ist das Erfahren einer eigenen Identität möglich als Spannungszustand zwischen dem **Ich** und dem **Du.**
Diese Zahl ist eng mit der physisch-materiellen Schöpfung verbunden. In ihrer Polarität drückt sie das Leben als solches aus. Dies zeigt sich besonders gut im Yin-Yang-Symbol.

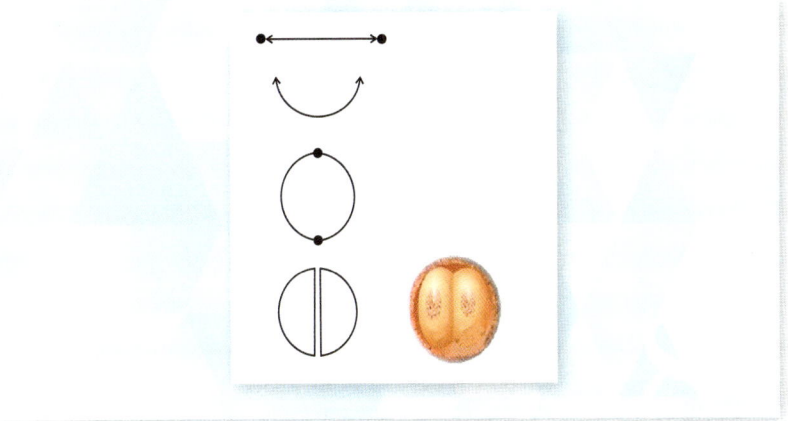

Die Sehnsucht nach Einswerdung im Schöpfungsprozess zeigt sich auch bei Johann Wolfgang von Goethe (1749–1832):

Johann Wolfgang von Goethe

»Und ein zweites Wort: Es werde!
Trennt und nicht zum zweitenmal.«

Es gibt zwei Mutationen der Energie:

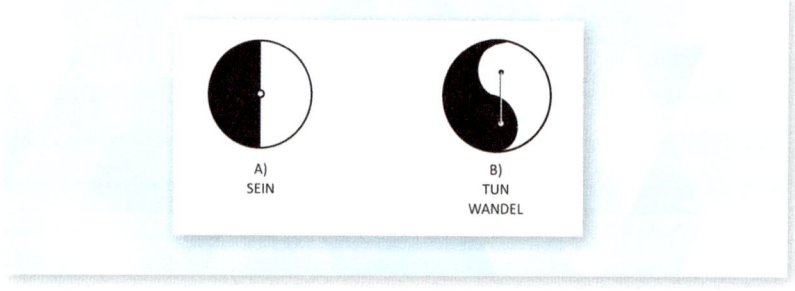

Sein und Tun zeigen sich als Grundlagen der Existenz. Diese zwei Einheiten werden durch das Prinzip der Einswerdung miteinander verbunden. Es gibt nun zwei Möglichkeiten, unter Wahrung der Dualität eine Einheit zu formen:

- durch Halbierung des individuellen Zentrums, was einer **statischen** Vereinigung entspricht,
- durch Halbierung der Begrenzung, was zu einem **dynamischen** Zusammengehen führt, wobei Rotation entsteht (Yin-Yang-Symbol).

Durch die sich in der Zweiheit ausdrückenden, einander widersprechenden Gegensätze entsteht aus dem energetisch nicht definierten Nullpotenzial heraus die Polarisierung und Aufspaltung der Urquelle in eine weibliche und eine männliche Komponente.

Aus dem linksdrehenden, sich spiralförmig von außen nach innen bewegenden Einatmen entsteht der negativ polarisierte, weibliche Aspekt der Gottheit, das **Nein zum Sein als Zustand,** jedoch das **Ja zum Schöpfungsprozess** als solchem.

Das Ausatmen, das rechtsdrehend, spiralförmig von innen nach außen stattfindet, entspricht dem positiv polarisierten, männlichen Aspekt der Gottheit.

Die **Dyade** zeigt die erweiterte Einheit von Gott und Welt bzw. Gott und Mensch als Spiegelung in der Gegensätzlichkeit. Sie bestimmt das Wesen der Zwei-Einheit als Grundsystem der Evolution. Kein Pol kann in der Polarität der Zwei für sich allein stehen. Für Darstellung, Erfahrung und Erkenntnis der eigenen Qualität benötigt er zwingend den anderen (Gegen-)Pol. Die Erkenntnis über das Wesen der Zweiheit führt zum Verständnis der Evolution im Kosmos, zur individuellen Erfahrung des Schöpfungsprozesses und zur Erkenntnis der Welt. Aus dem nicht polarisierten Nullpotenzial der göttlichen Objektivität entsteht das negativ oder positiv ausgerichtete Energiepotenzial der jeweiligen **Subjektivität** von Bewertung, Erfahrung und Erkenntnis.

Deshalb muss zwingend in jedem Negativen auch etwas Positives enthalten sein.

Die Zwei spiegelt das 2., das Geistige Gesetz der Polarität wider: **Erfahrungen macht man nur in der Spiegelung der Gegensätzlichkeit.**

Diese Zahl steht für Zweiheit, Unterscheidung, Spiegelung, Gegenteil, Spaltung, Zwiespalt, Zwist, Umweg und Zweifel und den Beginn des Isisweges.

Die praktische Anwendung des Prinzips der Polarität geschieht in der Dualität in Form der Maximen:

- »Gleiches versteht sich mit Gleichem bzw.
  Ähnliches mit Ähnlichem.«
- »Gleiches ergänzt sich mit Gegensätzlichem
  in der Komplementarität.«

Ihre Umsetzung führt zum Ziel der individuellen Evolution, dem »Weg der Mitte« und zu einem neuen, höherwertigen Dritten als Urmechanismus des Schöpfungsprozesses. Aus These und Antithese entwickelt sich die Synthese.

> »Die Zwei ist Zweifel, Zwist,
> ist Zwietracht, Zwiespalt, Zwitter.
> Die Zwei ist Zwillingsfrucht am Zweige,
> süß und bitter.«
> *(Wilhelm von Humboldt)*

Das Auseinanderfallen der absoluten göttlichen Einheit drückt sich in der Zwei aus. Sie ist die mit der materiellen Welt verbundene Zahl und verkörpert die Spannung zwischen dem Ich und dem Du, das Dual.

Die Zwei symbolisiert:

- eine Fibonacci-Zahl
- eine gerade Primzahl
- den Attraktor der 2. Dimension der Oktavierungsreihe
- im Tarot die Hohepriesterin sowie die Gerechtigkeit
- die *Vesica Piscis,* das »Fischauge« als Grundform der 2. Dimension von Länge x Breite = Fläche
- Polarität und Dualität als »stoffliche Spiegelung«
- das 2. (Sakral-)Chakra in der Farbe Orange
- Seligkeit und Verdammnis
- Tugend und Laster
- Gegensätze
- »leben und leben lassen« im wechselseitigen Verständnis

Affirmation: »Ich bin Licht und Dunkelheit,
Mann und Frau und liebe beide Gegensätze in mir.«

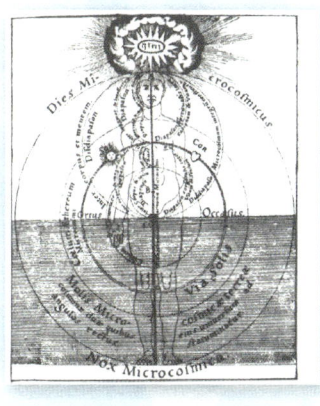

Die DREI (3) – Selbstwert und Eigenliebe

In der Drei erkennt man die Vollkommenheit der **Trinität,** das *Omne trinum perfectum.* Die **Triade** erfüllt das Handlungsprinzip der Eins als eines ersten stabilen Gleichgewichts durch die Vereinigung von zwei gegensätzlichen Polen bzw. subjektiv ausgerichteten Einheiten zu einem neuen, höherstehenden Dritten. Darin offenbart sich das höchste schöpferische Bewusstsein als die eine ausgleichende Kraft, die Fortschritt und Evolution auf allen Stufen in Form von **Wissen** und **Verständnis** erst möglich macht.

Im 3., dem Geistigen Gesetz der **permanenten Dreiheit von Weisheit (weiblich), Wille (männlich) und Liebe (neutral)** wird dies offenkundig.

Es entspricht dem dreifaltigen Prinzip der Schöpfung:

Bewusstsein/Information/Geist – Energie/Kraft – Stoff/Form/Materie.

Die Dualität als Polarität von Eins und Zwei wandelt sich in der Drei zu einem erfüllten Handlungsprinzip auf höherer Ebene. Die Drei erhöht die Eins und die Zwei in ihrer jeweiligen subjektiv verhafteten Qualität. Es entsteht eine neue Einheit in der allumfassenden Synthese 783 der **Liebe.**

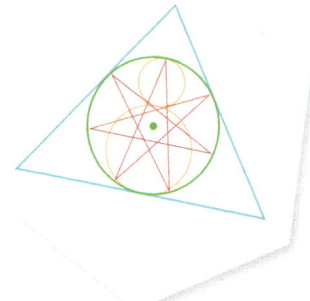

Weisheit (−) und Wille (+) werden verbunden durch Liebe (0) in der Dreifaltigkeit von Vater, Sohn und Heiligem Geist.

Die Welt der Wahrnehmung geschieht in Bildern, die in unserer rechten Gehirnhälte als holografische Grundstruktur der drei Dimensionen entstehen: Länge x Breite x Höhe = begrenzter Raum.

»Das Tao erzeugt die Einheit,
die Einheit bedingt die Zweiheit,
die Zweiheit führt zur Dreiheit,
die Dreiheit schafft die Grundlage für alles Sein.«
(Laotse)

Jacob Böhme (1730–1731), der große Mystiker, beschrieb die drei Prinzipien göttlichen Wesens in seinem Buch »Thesophia revelata«.

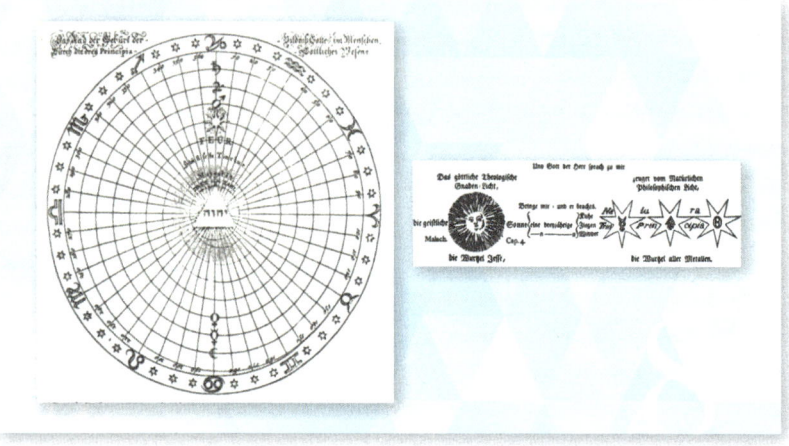

Als geometrische Form steht das Dreieck für Männlich und Weiblich, symbolisch für Penis und Vagina.

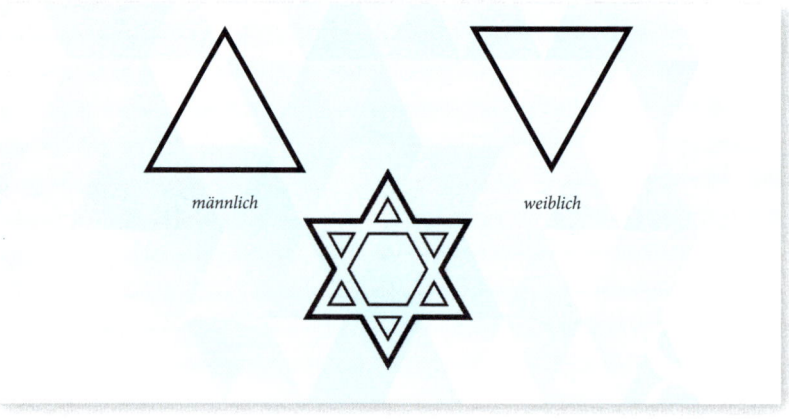

Zusammengebracht stehen beide Dreiecke als »Siegel Salomons« für absolute Harmonie.

Dimension 1 steht für den physischen Körper und die **Länge.** Dimension 2 steht für das Unterbewusstsein und die **Fläche** als Länge x Breite. Dimension 3 steht für das Wachbewusstsein und den begrenzten **Raum** als Länge x Breite x Höhe.

Für **Archimedes** galt das Verhältnis von 1 zu 2 zu 3 als der Zusammenhang der Volumina von Kegel, Kugel und Zylinder.

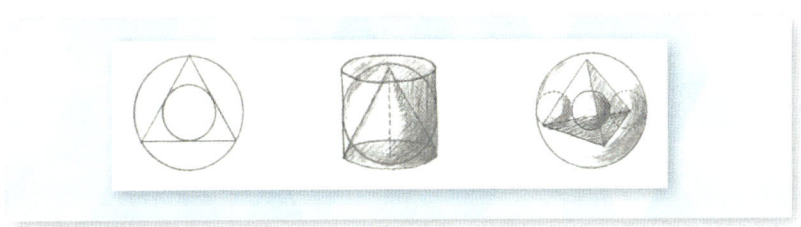

Die Welt und der Mensch sind das neue, höherstehende Ergebnis der Vereinigung der polaren weiblichen und männlichen Energien der Gottheit. In der Drei zeigen sich die **verbindende Funktion** im Schöpfungsprozess, Dynamik, Dimensionswechsel, die Vereinigung ursprünglich vorhandener Gegensätze, das Prinzip der Evolution, Bewegung, Handlung, Erkenntnis, Einigung von Gegensätzen im neuen Dritten, der Synthese aus These und Antithese.

Bei den »Geheimen Figuren der Rosenkreuzer« aus dem 16. und 17. Jahrhundert wird die Drei als Wunderzahl betrachtet.

Die DREI symbolisiert:

- eine Fibonacci-Zahl
- die Tarot-Karte der Herrscherin, des Gehängten und der Welt
- die Dreifaltigkeit von Vater, Sohn und Heiligem Geist bzw. im alten Ägypten Osiris-, Isis- und Horusweg bzw. im frühen Islam *Al-Lat, Q're* und *Al-Uzza*
- die drei Primärfarben Rot, Blau und Gelb
- Vergangenheit, Gegenwart und Zukunft
- die Unter-, Mittel- und Überwelt
- die uralte Form des Triskelion
- das 3. (Solarplexus-)Chakra in der Farbe Gelb
- These, Antithese und Synthese
- die Dreiheit als höchstes Symbol der Gottheit
- Kreativität und Lebensfreude
- das innere Wachstum
- das »Tor zum Gedächtnis«
- mentale Beweglichkeit
- eine optimistische Lebenseinstellung

Affirmation: »Das Leben erfahre ich
in der Fülle mit Freude und Liebe.«

»Danke für die Fülle.«

Nach Pythagoras steht das Dreieck für den »Anfang der Entstehung« im kosmischen Sinn. Aus ihm entwickeln sich Mehrecke wie Vierecke und Sechsecke, die schließlich in der Form des Davidsterns für die Einheit von Mikro- und Makrokosmos stehen.

Die VIER (4) – das materielle Ordnungsprinzip

Die Vier steht für **Erdung, Ordnung, Glück, Denken** und **Handeln.**
Es gibt vier Manifestationen des Geistes der Gottheit im materiell-stofflichen Bereich, nämlich die **vier Elemente:** Feuer, Luft, Wasser und Erde, zugeordnet den Dimensionen vier, drei, zwei und eins.

Die Vier zeigt die Spiegelung der Eins in einem neuen Verhältnis der physisch-materiellen Dimension, wobei die Rechtwinkligkeit als Ausdruck einer qualitativen Erhöhung und Verfestigung der Welt als Spiegelung in der Stofflichkeit, damit als konkret erschaffene Materie, gewertet werden kann.

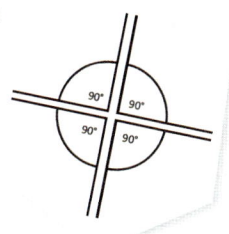

In dem Werk »Vom Verhältnis, dem Maß und der Harmonie des menschlichen Körperbaus« von **Agrippa von Nettesheim** (1580–1535) wird gezeigt, dass der Nabel des Menschen im Schnittpunkt der Diagonalen eines Quadrats liegt, das den Körper umschreibt.

Die Vier findet sich auch in der **Sphinx,** denn sie besitzt

- den Körper eines Stiers (Erde),
- die Tatzen eines Löwen (Feuer),
- die Flügel eines Adlers (Luft) und
- das Gesicht eines Menschen (Wasser).

Diese Zahl ist auch die Grundlage der 3 x 4 = 12 Tierkreiszeichen im Zodiak.
Für die ROSENKREUZER war die Vier eine »Wunderzahl«.

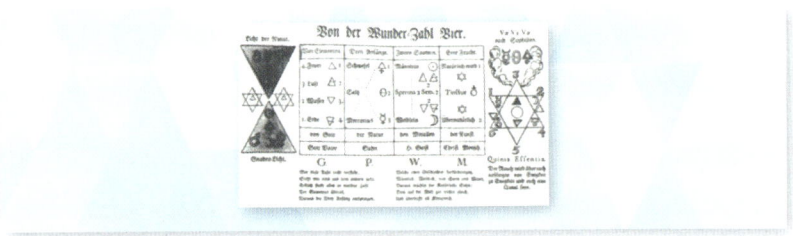

Sie steht für die Farben **Schwarz, Weiß, Rot** und **Grün** und die Vierteilung der Welt in der altjüdischen Kabbala:

- **Alziluth:** die Welt der Emanation
- **Beriah:** die Welt der Schöpfung
- **Jezira:** die Welt der Ausgestaltung
- **Asija:** die Welt des Sichtbaren

Ihre Bedeutung zeigt sich auch in den vier Himmelsrichtungen, wie sie in den Ruinen der Indus-Hochkultur **Mohenjo Daro** zum Ausdruck kommen.
Die Zahl Vier wird durch die geometrische Form des rechten Winkels charakterisiert.

In der basisbildenden Vier zeigen sich die vier Gesichter Gottes als die Elemente **Feuer, Luft, Wasser** und **Erde,** in den vier Himmelsrichtungen **Norden, Westen, Osten** und **Süden,** in den vier Mondphasen, den vier Temperamenten Choleriker, Sanguiniker, Phlegmatiker und Melancholiker, den vier Stimmlagen Sopran, Alt/Tenor, Bariton und Bass sowie in den Einzelaspekten der Vier, die in der **Tetraktys** zu den »zehn Aspekten der Gottheit« werden als Summe der vier Dimensionen der Stofflichkeit:

$$1 + 2 + 3 + 4 = 10$$

Materie besteht aus vier Einzelkomponenten: Protonen, Neutronen, Elektronen und Neutrinos. Ein Quadrat, um einen Kreis gezeichnet, bestimmt den »himmlischen Ring«.

Die Dimensionen bedeuten:

- 4: **Feuer,** Überbewusstsein, Rot
- 3: **Luft,** Wachbewusstsein, Gelb
- 2: **Wasser,** Unterbewusstsein, Grün
- 1: **Erde,** physischer Körper, Blau

Im Ziffern-Buchstaben-Code der **Genesis** entsprechen:

- 1, 4 dem Gesetz
- 1, 4, 40 Adam, dem Menschen
- 1, 40, 400 der Wahrheit
- 40, 10, 40, 400 der göttlichen Vollkommenheit

Die **Tetrade** (Vierheit) entspricht dem Ursprung von Raum und Zeit, der Manifestation der göttlichen Ordnung in der stofflichen Welt als geschaffene Form in ihrem energietypischen Zustand. Sie stellt die neue dingliche Dimension dar, in der sich die Gottheit spiegelt. Es ist die erste konkrete Vollkommenheit in Form und Materie, die Einheit in der Vielheit, die **Verneinung des Neins** als 2 x 2 = 4. Im stofflichen Umfeld der vergänglichen, endlichen **Illusion der Materie** erkennt sich die Gottheit im ausstrahlenden, ewigen Zentrum bzw. als unsterblichen »Gottesfunken« im Menschen wieder.

Quadrat und Rechteck mit ihren vier rechten Winkeln zeigen die starre, männliche Ordnung des Konkreten als materielles Fundament allen Seins. Es gibt 4 Himmelsrichtungen, 4 Evangelien, 4 Veden, 4 Enden des Kreuzes, 4 Extremitäten, 4 Mondphasen, 4 indische Kasten, 4 Temperamente, 4 Cherubim, 4 Buchstaben des Gottesnamens JHVH, 4 Jahreszeiten, 4 Farben des Tarot, 4 Apokalyptische Reiter usw.
Die Darstellung der Vierheit in der Form 12 + 22 + 32 + 42 ergibt folgende Figur:

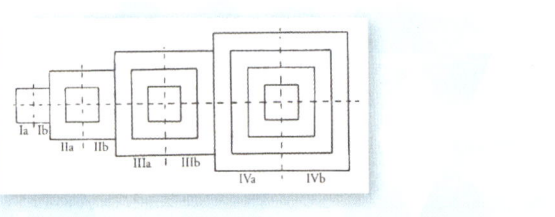

Dies spiegelt auch das 4., das Geistige Gesetz der »**Vier Gesichter Gottes**« wider, die sich in den vier Elementen Feuer, Luft, Wasser und Erde sowie deren Dimensionen, der 4., 3., 2. und 1. Dimension zeigen, die zusammengerechnet 10 ergeben, die Tetraktys.

Die Vier zeigt im »Rad des ewigen Lebens und der Wiedergeburt« auch die Grenze zwischen der Feinstofflichkeit in der Trinität allen Seins und der Grobstofflichkeit des Elements Erde in den »Vier Gesichtern Gottes« im Rahmen des »Abstiegs in die Materie« an. Diese wird übertreten in Form eines »Durchstoßens des Querbalkens des Kreuzes von Stoff und Materie von oben nach unten«. Daraus resultieren Inkarnationen (lat. in carnere: »ins Fleisch gehen«) in einen festen, grobstofflichen Körper.
Nach Berechnungen des Heartmath-Institutes in Colorado, USA, geschah der Übergang von der Grob- zur Feinstofflichkeit (und umgekehrt) bisher bei einer Wellenlänge von 0,0025 mm, was einer Frequenz von 1,2 Terrahertz (THz) entspricht. Durch die nach dem Jahre 1987 mit der »kosmischen Konvergenz« und der »Zeitenwende« vom 21. Dezember 2012 eingetretenen Schwingungsfrequenzerhöhung von Erde und Menschheit wird sich dieser Wert möglicherweise nach oben verändern.

Die Vier wird geometrisch repräsentiert durch das männliche Quadrat mit jeweils vier Ecken, Kanten und rechten Winkeln.
Der geniale Künstler und Baumeister **Leonardo da Vinci** (1452–1519) versuchte mit dem Bild seines »Vitruvius-Menschen« die »Quadratur des Kreises« zu beschreiben und männliches Quadrat mit weiblichem Kreis zu verbinden.

Die Zahl Vier symbolisiert:

- die Tarot-Karte des Herrschers und des Todes
- die vier Richtungen: Norden, Süden, Osten, Westen
- die vier Elemente: Feuer, Luft, Wasser, Erde
- die vier Jahreszeiten: Frühling, Sommer, Herbst, Winter
- die Geschmacksrichtungen: salzig, sauer, süß, bitter
- die vier Dimensionen: Länge, Breite, Höhe, Tiefe
- die irdische Gerechtigkeit
- die physisch-materielle Welt
- die vier Evangelien
- die vier Tageszeiten: Morgen, Mittag, Abend, Nacht
- praktische Fähigkeiten
- tiefe Freundschaften

Affirmation: »In mir verbinde ich
die Liebe von Mutter Erde mit der Liebe zu mir.«

Die FÜNF (5) – schöpferisches Individuum und das Leben selbst

Die Zahl Fünf entspricht dem Fundament unserer Welt sowie der Verbindung von Urquelle und Kosmos ($\pi : e = 1{,}155$), von **Leben und Individualität** und dem Leben selbst, bestimmt durch den freien, menschlichen Willen

Die Quintessenz (lat. quinta essencia: »fünftes Element«) ermöglicht den vier Elementen erst das Wechselspiel in Form von Atomen, Elektronen, Protonen, Neutronen und Photonen als **Äther** und erschafft damit das Leben. Der göttliche Funke im subatomaren, alles durchströmenden Quantenfeld des universalen Geistes versetzt alles Sein im Universum in Strahlung und in Schwingung, bedingt die gesamte Architektur und Formgestaltung des Kosmos und damit das **Prinzip der Unsterblichkeit.**

Dies zeigt sich auch im 5., dem Geistigen Gesetz der **Schwingung in einem bestimmten Rhythmus.**

In der Form des Pentagramms verkörpern sich Individualität, Gesundheit, Vitalität und Leben. Im Gleichgewicht der Schöpfung teilt die Fünf die perfekte Zahl Zehn, also die zehn Aspekte Gottes, in zwei gleiche Teile. Die Fünf repräsentiert deshalb sowohl den positiven als auch den negativen Pol im Menschen, die Wandlung, die Umpolung, das Instabile, seine Einmaligkeit in der Individualität.

Die Tetrade der vier Elemente verbunden mit der Monade der Einheit im Geiste Gottes ergibt die Pentade des Lebens, die somit den Sieg des Geistes über die Materie repräsentiert. Daneben zeigt sich jedoch auch das Ungeteilte in der Aufspaltung der Zehn, das Übernatürliche, das Selbstbewusstsein in der sich bewusst werdenden Schöpfung.

Die Fünf ist mit der Göttin *Ischtar* und der *Venus* verbunden. Bei den Manichäern stand die Fünf für die Lichtelemente Äther, Wind, Wasser, Licht und Feuer und die fünf »Helfer des lebendigen Gottes«. In China gilt die Fünf als Glückszahl. Sie steht für die Farben Rot, Weiß, Schwarz, Gelb und Grün.

In der angewandten Magie steht das **Pentagramm** für den Mikrokosmos und die Kontrolle der Elemente durch den Geist. Die magische Figur des Pentagramms wird mit der Spitze nach unten auch als »Dämonenriegel« bzw. als »Drudenfuß« bezeichnet. Es stellt so ein wirksames Symbol gegen die »schwarze Magie« dar.
Das Pentagramm als Symbol des in den Menschen eingezogenen Göttlichen als kreativ-bildhafte, vollkommene Co-Schöpferkraft weist mit einem Zacken nach oben.

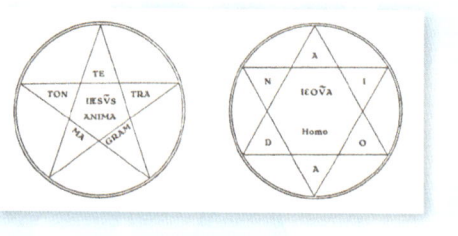

Dreht man die Figur um, so wird aus der Einheit die Konfrontation, die Zweiheit im »Drudenfuß«, dem Symbol der Wesen aus der Schattenwelt, die den Menschen im Schlaf stören.

In der Astrologie steht das Pentagramm für Saturn, Merkur, Mars, Venus und Jupiter.

Der bereits erwähnte **Agrippa von Nettesheim** zeigte den Menschen im »Fünfwinkelzeichen« in seiner Schrift »Liber quartus de occulta philosophia« aus dem Jahre 1565.

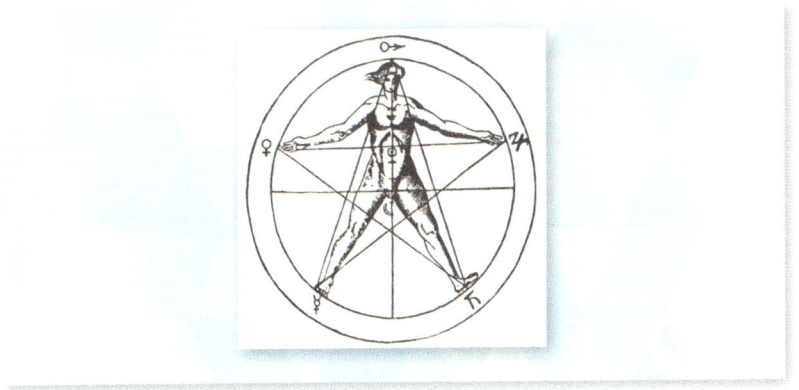

In Friedrich Schillers »Piccolomini« erklärt der Astrologe Seni, warum für ihn die Fünf eine heilige Zahl darstellt:

>»Fünf ist des Menschen Seele.
>Wie der Mensch aus Gutem und Bösem ist gemischt,
>so ist die Fünf die erste Zahl aus Grad' und Ungerade.«

Die Fünf beinhaltet also eine starke positive und eine starke negative Symbolik. In der Individualität seines persönlichen Willens entscheidet jeder einzelne Mensch über seinen eigenen Abstieg in die Materie genauso wie über seine geballte Kraft im Aufstieg zum Licht.

$$1 + 2 + 3 + 4 \qquad \rightarrow 5 \leftarrow \qquad 6 + 7 + 8 + 9$$

Materie **Mensch als Licht und Schatten** **Geist**

Hygeia, das Pentagramm im Kreis, steht für die göttliche Ordnung in der menschlichen Individualität. In der Fünf verbindet sich die männliche Drei mit der weiblichen Zwei. Sie steht deshalb auch für die Vereinigung dieser beiden Polaritäten. Sie ist aber auch die Zahl der belebten Natur, was sich oft in fünf Blütenblättern zeigt, den fünf Fingern und fünf Zehen. Die Fünf steht für den Menschen als Individuum, der sich über die Erde (Vier) erhebt, sie überblickt und mit seinem freien Willen beherrscht.

Erde ← Individuum → Himmel

$$1 + 2 + 3 + 4 + 5 = 15$$

Die 15 stellt die Verbindung von der Einheit zur Fünfheit her, von Gott zum Menschen als Spiegelung der dichtesten Masse in der Quersumme der Sechs.

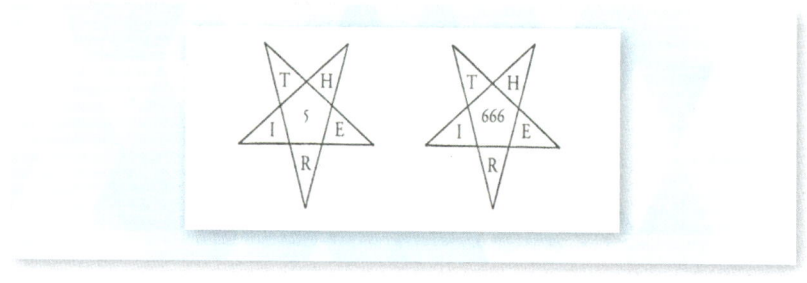

In der althebräischen Geheimlehre der Kabbala drückt sich diese Tatsache in den vier Buchstaben *Samekh, Waw, Resch* und *Thaw* aus als *Sorath* oder *Surath* bzw. als **»Suriel Sathapanim«.**

Der Umlauf unseres Sonnensystems **Helios** um **Alkyone,** das Zentralgestirn der Plejaden, dauert 25.920 Jahre, also 6 mal 6 mal 6!, wobei 6! die Fakultät bezeichnet, das Produkt aus 1 x 2 x 3 x 4 x 5 x 6.

Baut man einen geschlossenen dreidimensionalen Körper aus 12 Fünfecken als Begrenzungsflächen, so ergibt sich die geometrische Form eines Pentagon-Dodekaeders.

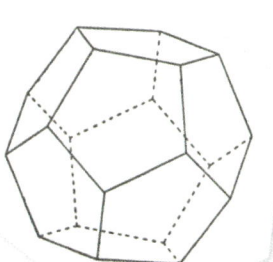

Die Fünf bildet auch die Hypotenuse im »Göttlichen Dreieck« der alten Ägypter mit den Katheten von drei und vier, das beim Pyramidenbau eine große Rolle gespielt hat.

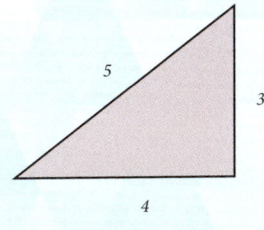

Die Fünf symbolisiert:
- eine Fibonacci-Zahl
- die Tarot-Karte des Hohepriesters
- das Pentagramm
- die fünf Sinne: Sehen, Hören, Fühlen, Schmecken, Riechen
- die Anzahl der Finger und der Zehen
- die wichtigsten Blüten
- das 5. Element, die Quintessenz
- das 5. (Hals-)Chakra in der Farbe Hellblau
- den freien, menschlichen Willen und die Individualität

- die Verbindung von allem mit allem
- Freiheit und Liebe
- das Verstehen der eigenen Gefühle
- die fünf Hauptplaneten: Jupiter, Saturn, Mars, Venus, Merkur
- die fünf Tugenden: Fleiß, Mäßigkeit, Güte, Bescheidenheit, Besonnenheit
- das »magische Quadrat« der Fünf:

11	24	7	20	3
4	12	25	8	16
17	5	13	21	9
10	18	1	14	22
23	6	19	2	15

Affirmation: »In meiner Einmaligkeit
befreie ich mich von materiellen Zwängen
und öffne mich allem Neuen mit und in Liebe.«

Die SECHS (6) – Transformation von Materie

Die Sechs zeigt die **Materie als dichten, dunklen Spiegel** an.
Sie stellt den Ausgleich der Gegensätzlichkeiten im System der Zwölf dar und repräsentiert damit die **Schöpfung der Welt.** In ihren Polen zeigt sie die übergeordnete Harmonie und deren Spiegelung in der Evolution des Stofflichen in der Welt.

Dies beschreibt auch das 6., das Geistige Gesetz der Resonanz: **Alles, was man aussendet, kommt zu einem zurück, und alles, was zu einem zurückkommt, hat man irgendwann einmal ausgesandt.**

Gleichzeitig repräsentiert diese Zahl jedoch eine höchstmögliche Form der Eigenvervielfachung in der stofflichen Welt, eine harmonische Unsterblichkeit der Materie in der Verbindung der Gesamtheit der »vollkommenen Zahl« von 1 + 2 + 3 = 6.

Die Sechs stellt den Verschmelzungsvorgang des Stofflichen dar, das Lebensprinzip eingeschlossen in der Materie, die größtmögliche Verdichtung des Stofflichen im Kosmos.

Der **Davidstern** bzw. »das Siegel Salomons« ist das Symbol der Gottheit in der Welt. Es repräsentiert den Sinn der Schöpfung der **Elohim.**

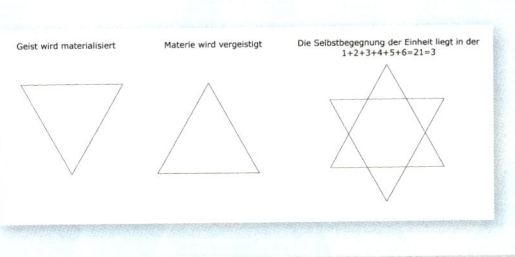

Die Fläche eines pythagoräischen Dreiecks, eines rechtwinkligen Dreiecks mit dem ganzzahligen Seitenverhältnis 3 : 4 : 5 beträgt 6.
Die Sechs zeigt sich in vielen Blüten, Schneeflocken, im Kohlenstoffatom und in der dichtesten physischen Materie der Bienenwabe.

Diese Zahl wurde in der Antike als vollkommenste Zahl überhaupt angesehen, da sie sowohl die Summe als auch das Produkt ihrer Einzelteile darstellt:

$$1 + 2 + 3 = 6$$
$$1 \times 2 \times 3 = 6$$

Deshalb schuf Gott seine Werke in sechs Tagen, denn das Prinzip der Sechs dominiert alle drei Dimensionen der Schöpfung.

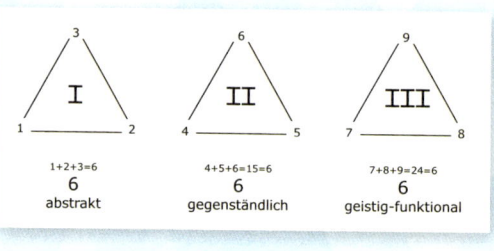

Der sechseckige Benzolring steht für die geometrische Grundstruktur des organischen Systems. Wie die Bienenwabe steht er für die dichteste Masse.

C_6H_6

Das Sechseck und der Sechsflächler entsprechen einander als zwei- und dreidimensionale Formen.

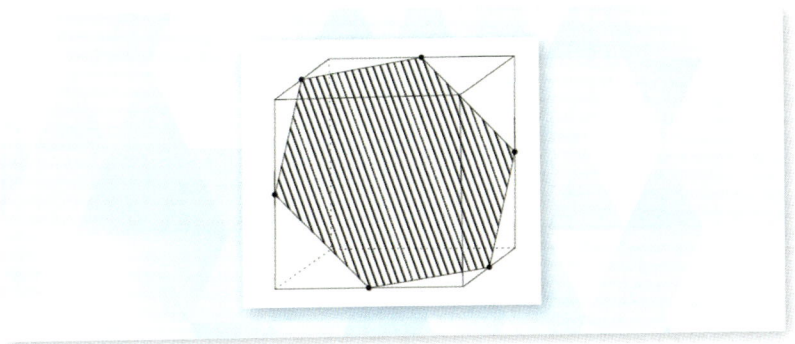

Als Kreisform steht die Sechs für die Gleichheit von Innen und Außen.

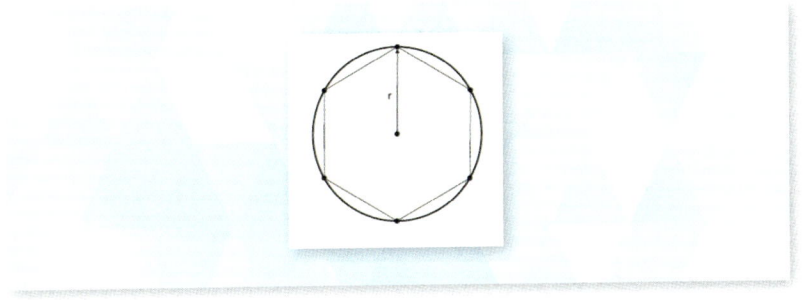

Die 666 soll den Weg zur Zahl 7 frei machen. Deshalb ist die wichtigste Aussage der Apokalypse:

»Hier spricht die Weisheit selbst.
Wer Verstand besitzt, der suche den Sinn,
den die Zahl des Tieres hat!
Es ist die Zahl des Menschen. Und seine Zahl ist 666.«

Der sechste Teil von 666 ist die Zahl 111 mit folgendem »magischen Quadrat«:

6	32	3	34	35	1
7	11	27	28	8	30
19	14	16	15	23	24
18	20	22	21	17	13
25	29	10	9	26	12
36	5	33	4	2	31

Die Sechs steht in den heiligen Schriften für die Grenzen der alten Welt, die eine neue, höhere und vollkommenere entstehen lassen. Sie stellt das Spiegelbild der Neun dar.

9 6

Auf dem Weg von der 666 der dichtesten Materie und tiefsten Dunkelheit führt die Entwicklung zum »vollkommenen Menschen« über die 783, 853, 888 zur 999 und zum absoluten Licht der *Unio mystica,* der »chymischen Hochzeit« der Alchemisten, und zur Überwindung der doppelten Polarität.

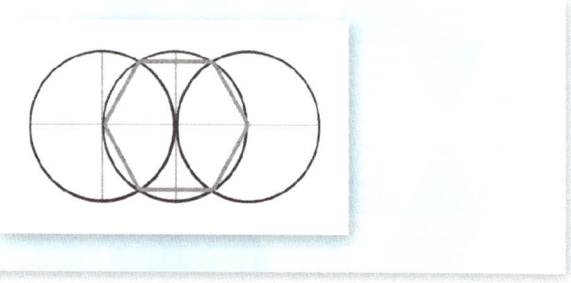

Die Sechs symbolisiert:

- die Tarot-Karte der Liebenden
- die geometrische Form des Hexagons, des Davidsterns oder »Siegels Salomons«
- die Anzahl vieler Blütenblätter
- Sechseck und Bienenwabe als stabilste und dichteste Form
- das 6. (Stirn-)Chakra in der Farbe Indigo
- die Gottheit in der Welt
- die eigene Kreativität
- liebevolles Tun
- starkes Familienbewusstsein
- Neigungen im künstlerischen Bereich
- die zentrale Zahl der Mentalebene
- das Streben nach Ausgleich, Harmonie und Gerechtigkeit
- einen ausgeprägten Sinn für Ästhetik
- negativen Stress und Ärger

Affirmation: »Ich bin ein Teil des großen Ganzen, und das große Ganze ist ein Teil von mir.«

Die SIEBEN (7) – Lernen im und durch das Leben

Die Sieben, die Lebenszahl, verkörpert den **aufstrebenden Menschen** in der Annahme seiner eigenen Göttlichkeit als Verbindung, Spiegelung und Transformation der vier Elemente der Materie mit dem ersten Gleichgewicht der Schöpfung in der Triade.

$$4 + 3 = 7$$

Dies entspricht auch dem 7., dem Geistigen Gesetz der Kausalität: **Jede Ursache führt zu einer Wirkung, und jede Wirkung hat eine Ursache.**

Sieben ist die kosmische Zahl des Lebens. Sie spiegelt die vier Elemente des Körpers mit den darüberliegenden drei Ebenen der Geistigkeit.

- Gott ruhte am 7. Tag.
- Jesus hielt sich 7 Tage in seinem Grab auf.
- Es gibt die 7 Augen Gottes.
- Die Engel der Apokalypse sind 7.
- Es gibt die sieben Hallen der Weisheit.
- Der Mensch besitzt sieben Chakras.
- Der Regenbogen hat sieben Farben.
- Die Tonleiter hat sieben Töne.
- Die »christlichen Himmel« sind sieben.
- Es gibt die »Herrlichen Sieben« der Erzengel.

In der **Schule des Hippokrates** beherrschte die Siebenzahl die Krankheiten und alles, was im Körper von Zerstörung betroffen wird.

Die Sieben wurde im **Donatius Tyconius** auch zur Auslegung der Heiligen Schrift verwandt als die sieben Winde, die sieben Meere, sieben Zeitalter, sieben Wüsten und sieben Weltwunder.
Auch die Wochentage, von denen in der Antike fünf bekannt waren, nämlich Merkur, Venus, Mars, Jupiter und Saturn, ergaben mit Sonne und Mond sieben Tage:

1. Sonntag → Sonne
2. Montag → Mond
3. Dienstag → Mars
4. Mittwoch → Merkur
5. Donnerstag → Jupiter (Thors-Tag)
6. Freitag → Venus (Freja-Tag)
7. Samstag → Saturn

Die Sieben ergibt sich aus dem Zusammenlegen der Trinität der Schöpfungsprinzipien und dem Quadrat der »vier Gesichter Gottes« mit den Elementen Feuer, Luft, Wasser und Erde. Sie steht auch für den »aufstrebenden Menschen« mit seinem freien Willen im Einklang mit dem Willen Gottes, aber auch für die babylonischen Sternen- und Planetzuordnungen.

Im alten Ägypten stand vor allem im Osiriskult die Sieben für die Anzahl der »Säulen der Weisheit«, die sieben Himmelswege und die sieben Hallen der Unterwelt. Diese Symbolik zeigt auch die **Menora,** der siebenarmige Leuchter der altjüdischen Tradition.

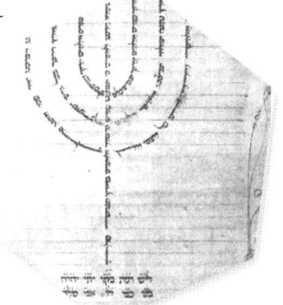

Die sieben Sakramente wurden geteilt in die Geistige Dreiheit von Taufe, Konfirmation und Eucharistie sowie die materielle Vierheit von Reue, Ehe, Ordensgelübde und letzter Ölung.

Die sieben freien Künste bzw. Wissenschaften, die *septem artes liberales* der Antike, bestehen aus Grammatik, Rhetorik, Dialektik, Musik, Arithmetik, Geometrie und Astronomie.

Die Sieben ist auch die grundlegende Zahl der Rosenkreuzer. Sie steht für den »aufstrebenden Menschen« mit dem freien menschlichen Willen im Einklang mit dem Willen Gottes.

Sie symbolisiert das ewige Werden, die Evolution des Lebens in der dimensionalen Begrenzung durch Zeit und Raum, eine heilige Zahl also, die die Drei der Triade (Geist, Bewusstsein, Seele) aufnimmt in der Stofflichkeit der Vier (Erde, Wasser, Luft, Feuer), d.h., der spirituelle Ursprung des Menschen baut auf seinem materiellen Umfeld auf und erweitert dieses. Basierend auf der Eins verkörpert sich das aktive, männliche, schöpferische Element im individuellen Lichtkörperprozess.[10]

---

10 Ausführlich u. a. bei: Stelzl, Diethard: Die Entwicklung des Lichtkörpers. Darmstadt: Schirner 2010.

Sieben ist die Zahl des Antimateriellen, des Jenseitsorientierten, die Bewahrung der Ordnung der in der stofflichen Welt festgehaltenen Ganzheit, die trotzdem transzendental wirkt. Sie ist auch die **Zahl der kosmischen Gerechtigkeit,** der universalen, göttlichen Matrix.

Die Sieben macht dem denkenden Menschen bewusst, dass in allen Ebenen seines Tuns die Prozesse des Lebens und die immerwährende Dynamik allen Seins und Werdens der Wirkung des **Wortes Gottes** entsprechen.

Sieben und Acht stellen polar die Welten der Ebene III dar und verbinden die Ausgangsebenen I und II. Die Sieben besteht aus Strichen und männlichen Komponenten, die Acht aus runden weiblichen Formen.

Die Sieben baut auf der Eins auf und stellt die Einheit auf höherer Ebene wieder her. Sie führt zur absoluten Ordnung und Vollkommenheit. Dies zeigt sich auch in den neun Teilzahlen-Archetypen:

$$1/7 = 0{,}142857\ldots$$
$$2/7 = 0{,}285714\ldots$$
$$3/7 = 0{,}428571\ldots$$
$$4/7 = 0{,}571428\ldots$$
$$5/7 = 0{,}714285\ldots$$
$$6/7 = 0{,}857142\ldots$$
$$\boxed{7/7 = 1{,}0}$$
$$8/7 = 1{,}142857\ldots$$
$$9/7 = 1{,}285714\ldots$$

Das **Siebeneck** steht für den Übergang von der Körperlichkeit der höchsten materiellen Dichte des Sechsecks hin zur Unkörperlichkeit des »aufstrebenden Menschen«.

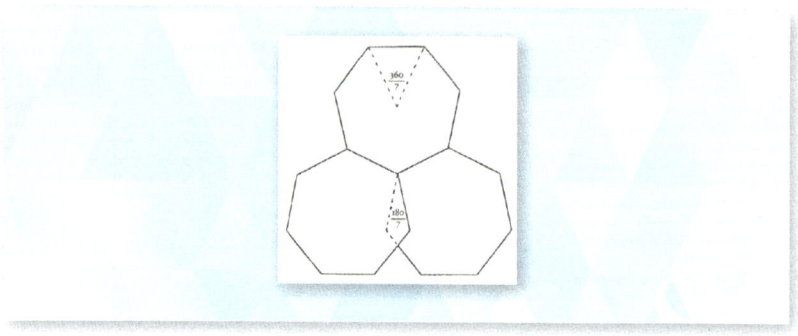

Das regelmäßige Siebeneck in seinen unterschiedlichen Formen repräsentiert die Sternenkraft.

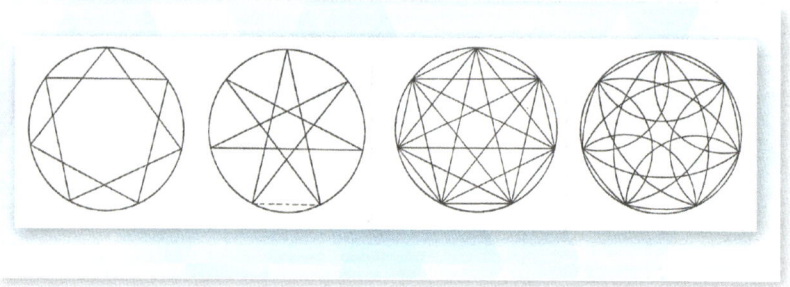

Die sieben antiken Planeten zeigen eine Verbindung in der Reihenfolge der Geschwindigkeiten ihrer Umlaufbahnen um die Sonne sowie zu bestimmten Metallen und den sieben Wochentagen.

- Mond – Silber – Montag
- Merkur – Quecksilber – Mittwoch
- Venus – Kupfer – Freitag
- Sonne – Gold – Sonntag
- Mars – Eisen – Dienstag
- Jupiter – Zinn – Donnerstag
- Saturn – Blei – Samstag

Die SIEBEN symbolisiert
- eine Primzahl
- die Tarot-Karte des Wagens und des Turmes
- das Siebeneck der Venus
- das 7. (Scheitel-)Chakra in der Farbe Violett
- die sieben Todsünden
- *Seschet,* die ägyptische Göttin der Schrift
- die sieben »mächtigen« Erzengel:
  - vorn **Raphael** → Westen
  - hinten **Gabriel** → Norden
  - zur Rechten **Michael** → Osten
  - zur Linken **Uriel (Auriel)** → Süden
  - darüber **Jophiel** → oben
  - darunter **Zadkiel** → unten
  - in der Mitte **Haniel (Chamuel)** → Mitte

Seschet, die ägyptische Göttin der Schreibkunst

- den Aufbau des menschlichen Körpers:
  - 14 = 7 x 2 cm: die Länge des Brustbeines
  - 21 = 7 x 3 cm: die Länge des Schlüsselbeines und der Hand
  - 28 = 7 x 4 cm: die Länge des Körpers eines Neugeborenen
  - 35 = 7 x 5 cm bis 42 = 7 x 6 cm: die Fußlänge
  - 49 = 7 x 7 cm: die durchschnittliche Größe eines Neugeborenen inklusive der Beine
- Logik und Wissensannahme
- die sieben freien Künste: Grammatik, Dialektik, Rhetorik, Arithmetik, Geometrie, Musik und Astronomie
- Lernen durch das Leben
- den Weg von Leiden und Opferrolle
- Sieg und Siegeskraft
- mangelndes Übernehmen von Verantwortung
- Leben auf der Basis von Wissen

Affirmation: »Ich verbinde durch mich
Vater Himmel und Mutter Erde in und mit Liebe.
Ich denke mit dem Herzen und
fühle mit dem Verstand und komme so
zu neuem Wissen in der Erfahrung der Weisheit.«

Die ACHT (8) – Gelebte Intuition

Die Acht repräsentiert die Öffnung des zweiten (Herz-)Chakras und damit die Verbindung zwischen der grenzen- und bedingungslosen Liebe Gottes, dem Christusbewusstsein, und der individuellen, erwartungsfreien, umfassenden menschlichen Liebe. Als Symbol dafür dient die liegende Acht, die **Lemniskate.**

Dieses Prinzip ist festgehalten im 8., dem Geistigen Gesetz der Harmonie: **Geben und Nehmen müssen immer im Einklang (nicht im Gleichklang) sein.**

Die Acht entspricht der **Weltseele** ohne Anfang und Ende, der Unendlichkeit und dem ewigen Leben und Sein. Aus der Gnade der Erlösung durch die grenzen- und bedingungslose **Liebe** der Gottheit, ausgedrückt im Christuspotenzial, ergibt sich die Erhebung des Menschen zum spirituellen Wesen.
Die Acht ist – neben der Null – die einzige Ziffer, die sowohl horizontal als auch vertikal symmetrisch ist. Sie symbolisiert damit die **Spiegelung** und **Gegenspiegelung** genauso wie das Prinzip der ewigen **Polarisation im Lebensprozess.** Sie steht für die mentale Überwindung des physischen Todes.

Die Acht wird auch als kleine heilige Zahl bezeichnet. Sie ergibt sich aus 7 + 1, 4 + 4, 2 x 4, 4 x 2 und als Reihe 1, 2, 4, 8, 4, 2, 1. Als 2^3 stellt sie mit dem dreifachen Potenzierungsprinzip die einzige Zahl unter Zehn dar, die die **Trinität der Polarität der Gottheit** aufzeigt.

Die **Achterfolge,** als Maß für Gegenstände angewendet, energetisiert sehr stark. Dazu müssen z.B. die Längen 4, 16, 32, 64 und vor allem 128 cm verwendet werden.

Ein positives Symbol stellt auch das sogenannte **elamitische Oktogramm** dar.

Im »Rad der Wiedergeburt und des ewigen Lebens« stehen Vier und Acht für die Grenzen zwischen Grob- und Feinstofflichkeit. In der menschlichen Evolution repräsentiert die Vier das Element **Erde,** die Inkarnation und die Durchdringung des »Querbalkens des Kreuzes« von oben nach unten. Die Acht der »mentalen Überwindung des physischen Todes« zeigt die Durchdringung des »Querbalkens des Kreuzes« von unten nach oben, die Transformation der Materie sowie die Überwindung der »doppelten Polarität« durch die Lemniskate.

Mathematisch finden sich folgende Besonderheiten dieser Zahl:

- Jede ungerade Zahl über Eins, ins Quadrat erhöht, ergibt ein Vielfaches von Acht und einen Rest von Eins
  $U^2 = n \times 8 + 1$ (z.B. $7^2 = 49 = 6 \times 8 + 1$)
- Alle Quadrate ungerader Zahlen über Eins unterscheiden sich um ein Vielfaches von Acht
  $U_1^2 - U_2^2 = n \times 8$ (z.B. $9^2 - 7^2 = 81 - 49 = 32 = 4 \times 8$).

In der orientalischen Architektur steht das Achteck für die »Ordnung der frühen Himmel«. In Babylon galt die Acht als Zahl der Gottheit, die in einem lichtleeren Raum im achten Stockwerk des berühmten Turms von Babel lebt. Sie war die Steigerung aus den »sieben Höllen« heraus zur »Zahl des Paradieses«.

Das chinesische **Bagua** besteht aus acht Trigrammen und bildet die Grundlage des **I Ging,** das insgesamt 8 x 8 = 64 Figuren umfasst.

Die Acht kommt sowohl in der Fibonacci-Reihe der 1. Dimension als Symbol der magnetischen **Vitalenergie** als auch in der Oktavierungsreihe der 2. Dimension als Symbol der elektromagnetischen **Lebensenergie** vor.

1, 1, 2, 3, 5, 8, 13, 21, 34, 55 … (Fibonacci-Reihe)
1, 2, 4, 8, 16, 32, 64, 128 … (Okavierungsreihe)

Die Acht verbindet also beide Energiesysteme miteinander:

$$8 = 2 \text{ x } 2 \text{ x } 2 = 2^3,$$

die dritte Potenz der Zwei.

Die Achtteilung eines Kreises ergibt sich durch dreimalige Halbierung.

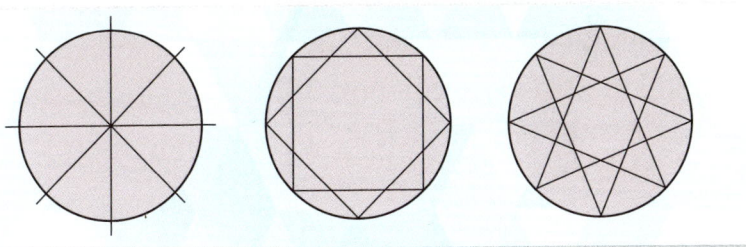

Die Acht symbolisiert:

- eine Fibonacci-Zahl
- die Tarot-Karte der Gerechtigkeit
- die geometrische Form des Oktagons
- die Lemniskate
- die mentale Überwindung des physischen Todes
- Das alt-elamitische Oktogramm
- die acht Seligpreisungen der Bergpredigt (Matth. 5,3 ff.)
- die 888 als Zahl der Überwindung der Grobstofflichkeit mit der Zahl 8 und der Zahl 111 = 37 x 3
- Unabhängigkeit im Tun
- Pingeligkeit und Hang zum Detail
- Apathie und Instabilität

Affirmation: »Ich habe einen vergänglichen, physischen Körper, aber ich bin nicht mein Körper. Ich bin vollkommenes, unsterbliches, ewiges, mit allem Sein verbundenes, universales Bewusstsein als ein göttlicher Co-Schöpfer.«

Die NEUN (9) – Aufgabe der spirituellen Identität in der Verschmelzung mit dem Licht

1 + 9 = Anfang und Ende in der **Enneade.**

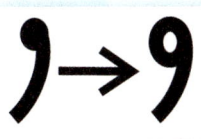

Die Multiplikation der Quersummen von Zahlen mit der Neun ergibt als Quersumme immer wiederum diese Ziffer, die mit Dimension erfüllte Eins, z. B.:

$$16 \rightarrow 1 + 6 = 7, \, 7 \times 9 = 63 \rightarrow 9$$
$$33 \rightarrow 6, \, 6 \times 9 = 54 \rightarrow 9$$

Jede Zahl, deren Quersumme Neun ist, ist auch durch Neun teilbar, z. B. 108, 216, 333, 342 und 873.

Das regelmäßige **Neuneck** entsteht folgendermaßen:

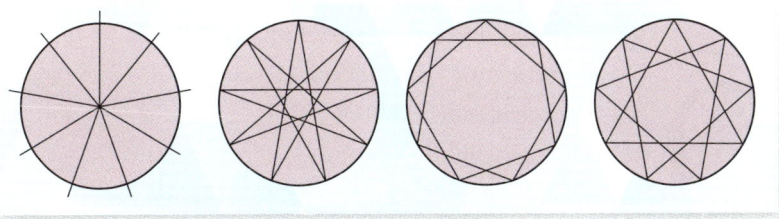

Das regelmäßige Neuneck lässt sich am einfachsten aus dem regelmäßigen Sechseck konstruieren, wie nachfolgend gezeigt:

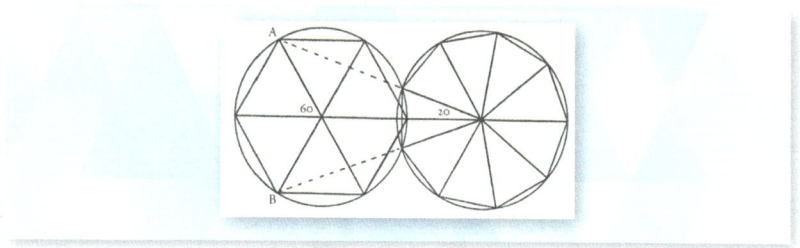

Neun Punkte bilden die Grundlage eines Labyrinth-Musters.

Das 9. Geistige Gesetz ist jenes der **Überwindung der doppelten Polarität von Licht und Dunkelheit, Männlich und Weiblich in der All-Einheit.**

Die Neun stellt die erste Vervielfachung einer ungeraden Zahl unter Zehn dar und gleichfalls die Multiplikation der **Trinität der Drei.** Sie wird auch die **»Ziffer des Menschen in der Transzendenz«** genannt, der die zehn Aspekte Gottes noch nicht erreicht hat. Die Neun ist die Zahl der Auflösung, des Neutralisierenden und gleichzeitig Neuschaffenden, des Übergangs zum Ziel und der Stabilisierung in der Zehn.

Die Zahl 9 ist also die letzte Stufe vor dem Erreichen des Abschlusses der 10 und zeigt somit die Grenze des Lebendigen, dessen Hang zur Transformation, an. Die 9 steht als $3^2 = 3 \times 3$ für die Ausbreitung des Prinzips der Trinität und mit der $9^2 = 9 \times 9 = 81$ für die »perfekte Zahl«.

Diese vereinigt in sich alle Zahlen und Aspekte der Schöpfung:

$$1/81 = 0,0123456789$$

81 ergibt sich aber auch aus der $3^4 = 3 \times 3 \times 3 \times 3$ in der 4. Dimension des Elements **Feuer**.

Es gibt neun regelmäßige dreidimensionale geometrische Formen: Die fünf platonischen Körper und die vier sternförmigen Kepler-Poinsot-Körper. Deshalb wird die Neun auch als »himmlische Ordnungszahl« bezeichnet, als **Triade der Triaden.**

Die Neun entsteht aus der potenzierten heiligen Drei als fast vollkommene Zehn. Sie spielt eine große Rolle im Rahmen der Heilung und dem Erkennen von Krankheiten. Neun Kräuter helfen gegen Geister und Gifte: Taubnessel, Spinat, Kerbel, Pimpinelle, Giersch, Sauerampfer, Braunkohl, Kuhblume und Porree.

Die Sphärenharmonie wird von neun Musen ausgelöst und aufrechterhalten: Thalia (Komödie), Klio (Geschichtsschreibung), Kalliope (Dichtung), Terpsychore (Tanz), Melpomene (Tragödie), Erato (Liebesdichtung), Euterpe (Lyrik), Polyhymnia (Lieddichtung) und Urania (Astronomie).

Die Neun ist eng mit den Taten des Herakles verbunden, mit den neun Büchern des Plotin und dem Leben Platons von $9 \times 9 = 81$ Jahren.

Die Neun symbolisiert:

- die Tarot-Karte des Eremiten
- die Trinität von 3 x 3 = 9
- die neun Schöpfungsgötter
- die neun griechischen Musen
- das Vollendungsverhältnis
- Neuneck und Neunstern
- die 144 000 Auserwählten aus der Offenbarung des Johannes als 12 x 12 000 mit dem Siegel der göttlichen Weisheit auf ihrer Stirn[11]

Affirmation: »Ich bin in meiner Kraft.«

---

11 »Und ich sah das Lamm stehen auf dem Berg Zion und mit ihm 144 000, die hatten seinen Namen und den Namen seines Vaters geschrieben an ihrer Stirn. Und ich hörte eine Stimme vom Himmel wie eines großen Wassers und wie eine Stimme eines großen Donners; und die Stimme, die ich hörte, war wie von Harfenspielern, die auf ihren Harfen spielen.«

Die ZEHN (10) – die allumfassende Zahl

Johann Wolfgang von Goethe lässt in »Faust, der Tragödie I. Teil« die Hexe beim Zubereiten des Zaubertranks erklären:

>»Du musst verstehn!
>Aus Eins mach' Zehn,
>Und Zwei lass gehen,
>Und Drei mach' gleich,
>So bist du reich.
>
>Verlier die vier,
>Aus Fünf und Sechs,
>So sagt die Hex',
>Mach' Sieben und Acht,
>So ist's vollbracht;
>
>Und die Neun ist Eins,
>Und Zehn ist keins,
>Das ist das Hexen-Einmal-Eins.«

Folgt man diesen Anweisungen, kann man ein »semimagisches« Quadrat erstellen. Dabei sind die Zahlen nicht fortlaufend, und die Diagonalen haben nicht dieselbe Summe wie die Spalten und Zeilen.

10	2	3
0	7	8
5	6	4

Korrigiert zum »magischen« Quadrat ergibt sich das richtige »Hexenein-maleins«.

4	9	2
3	5	7
8	1	6

Auf allen Linien ist die Quersumme der jeweils drei Einzelziffern die Fünfzehn mit dem »kosmischen Wert« 15 → 6.

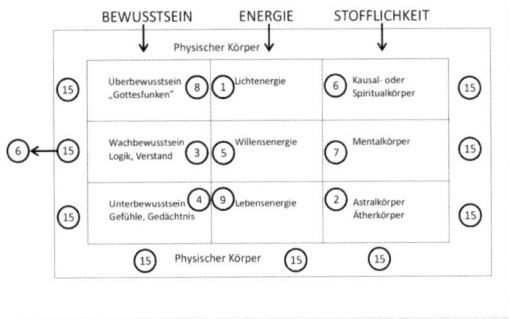

Den Steuerinstanzen der drei Bewusstseinsebenen Über-, Wach- und Unterbewusstsein entspricht jeweils eine Zahl aus jeder Zeile und Spalte.

- Seelenebene = Hohes Selbst: 2   5   8
- Mentalebene = Mittleres Selbst: 3   6   9
- Emotionalebene = Unteres Selbst: 1   4   7

Auch in der Spiegelung des Individuums Mensch als 55 findet sich die Zehn:

$$1 + 2 + 3 + 4 + 5 + 6 + 7 + 8 + 9 + 10 = 55$$

Zudem lässt sich das **Ich im Du** folgendermaßen verstehen:

Gott (10) = Ich (5) + Du (5)

Das 10. Geistige Gesetz ist jenes der Entsprechung: **Wie oben, so unten; wie im Kleinen, so im Großen; wie im Außen, so im Innen.**

Null und Eins charakterisieren das höchste Prinzip des Schöpfungswerkes der Gottheit, ausgedrückt im »vollkommenen Menschen«. Sich der Dimensions- und Begrenzungslosigkeit der Null als Ausdruck der höchsten, ewig ruhenden Urquelle in grenzenloser **Liebe** zu nähern, ist die große Sehnsucht jedes erwachenden Menschen.

Die Vielfalt wird auf der Ebene des Lichtes wieder zur Einheit der Eins auf dem Weg zur neutralen Null.
Dies zeigt sich auch in den zehn Geboten und den zehn Sephiroth der Kabbala, wo der Thron Gottes auf zehn Säulen steht. In der Gnosis steht der *Anthropos* (gr., »Mensch«) für den göttlichen Co-Schöpfer in der Vollkommenheit der vier Elemente:

1 + 2 + 3 + 4 = 10

Als Grundlage des Dezimalsystems steht die Zehn für den Attraktor der Potenzierungsreihe der 3. Dimension des Wachbewusstseins mit dem Element **Luft**.

Als »okkulte Zahl« ergibt sich aus der Addition der einzelnen Ziffern $1 + 2 + 3 + 4 + 5 + 6 + 7 + 8 + 9 + 10 = 55$, die göttliche Weisheit im Menschen.

Die Zehn symbolisiert:

- die Tarot-Karte des Rades des Glücks
- bei den Pythagoräern die allumfassende Zahl
- die griechischen Weltsphären
- die zehn Gebote
- die Vollkommenheit
- die zehn Sephiroth aus der altjüdischen Kabbala
- das ewige Wesen des Menschen »Adam Kadmon«

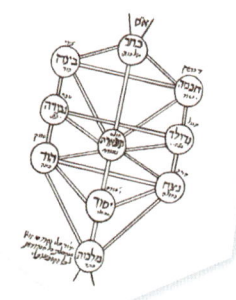

Affirmation: »Ich bin ein Teil des Universums, und das Universum ist ein Teil von mir. Ich bin in der All-Einheit allen Seins.«

Die ELF (11) – Annahme der eigenen Göttlichkeit

Gott spiegelt sich im Gottmenschen:

$$1 \leftrightarrow 1$$

Die Elf ist mehr als die Zehn und weniger als die vollkommene Zwölf. Sie ist die Zahl von Sühne und Buße.

Sie ergibt sich aus der Fünf ($2 + 3 = 5$) des individuellen freien menschlichen Willens sowie der Sechs ($2 \times 3 = 6$) der Grobstofflichkeit. Als Ziffer des *Hieros Gamos,* der heiligen Hochzeit, verbindet sie Mikro- und Makrokosmos miteinander. Sie zeigt sich in der Anzahl der Blütenblätter vieler Blumen und den Molekülen des Wassers H_2O und des Siliziumdioxids SiO_2, die eine Verbindung von Fünf- und Sechseck darstellen.

Die **Einheit der Eins** erfährt sich selbst in der Elf. Diese stellt eine Spiegelung des vollkommenen, kreativ-schöpferischen Gottmenschen dar, der das Christusbewusstsein aufgenommen und transformiert hat und die Energie der bedingungslosen, grenzenlosen Liebe auch lebt.

$$11 \rightarrow 1 + 1 = 2$$

Hier beginnt der Ergänzungszyklus der Elf und Zwölf, denn der Zyklus von Eins bis Zehn ist abgeschlossen. Auf ihm baut eine neue Dimension, ein neuer Schöpfungszyklus auf, der eingeleitet wird durch die Dreizehn. Die Elf enthält durch die Symmetrie der zweimaligen Eins den Ursprung in unterschiedlicher Darstellung. Im Zwillingspaar offenbart sich der Urrhythmus des Schöpfungsprinzips: die Unterscheidung einerseits und das harmonische Verbinden andererseits.

Die Elf lässt sich folgendermaßen zusammensetzen:

12 – 1, 10 + 1, 5 + 6 (als negativer Aspekt), 7 + 4, 8 + 3, 9 + 2

Das Verhältnis zwischen Elf und Sieben galt den alten Ägyptern als so tiefsinnig, dass sie es als Basis für den Entwurf der Großen Pyramide verwendeten. Ein um die Höhe der Großen Pyramide gezeichneter Kreis hat denselben Umfang wie ihre quadratische Basis. Die beabsichtigte Sieben-zu-Elf-Umwandlung zwischen Quadrat und Kreis wird von zahlreichen Vermessungen bestätigt.

Das 11. Geistige Gesetz ist jenes der Fülle: **Es ist von allem für jeden in jedem Moment und in jeder Hinsicht genug da.**

Es gibt kein Geistiges Gesetz des Mangels! Der Normalzustand im Universum ist die Fülle.

Als kosmischer Wert ergibt sich für

- die 10 → 1 + 0 = 1: der Erste
- die 11 → 1 + 1 = 2: der Ausdruck, die Schöpfung des Ersten

Die Elf symbolisiert:

- eine Primzahl
- die Tarot-Karte der Gerechtigkeit in der Potenzierung
- folgende Zahlenpyramide

$$11^2 = 121$$
$$111^2 = 12321$$
$$1111^2 = 1234321$$
$$11111^2 = 123454321$$
$$111111^2 = 12345654321$$
$$1111111^2 = 1234567654321$$
$$11111111^2 = 123456787654321$$
$$111111111^2 = 12345678987654321$$

- die Anzahl der Epagomenen als Ergänzung des Mondjahres von 354 Tagen zum Sonnenjahr von 365 Tagen
- die Sünde
- die Stärkung der Intuition
- die Kommunikation der drei Selbste
- den inneren Frieden

Affirmation: »Ich liebe mein Leben und lebe es mit Leichtigkeit, Lockerheit, Fröhlichkeit und Freude.«

Die ZWÖLF – die vollkommene Zahl

Die Zwölf ist die eigentliche **vollkommene Zahl** des Universums und der Zeitrechnung, denn sie ergibt sich aus:

$$4 \times 3 = 12$$

Sie stellt also die »Vier Gesichter Gottes« in der Trinität dar und zeigt sich in den 12 Tierkreiszeichen, 12 Monaten und den je 12 Stunden von Tag und Nacht.

Die Zwölf ist die erste abundante Zahl, denn die Summe ihrer Faktoren 1, 2, 3, 4 und 6 ist größer als sie selbst. Zwölf Punkte auf einem Kreis lassen sich zu vier Dreiecken, drei Quadraten oder zwei Sechsecken verbinden.

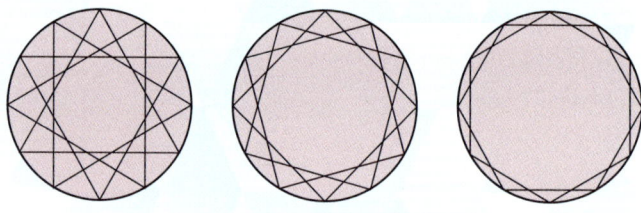

Als Produkt von Drei und Vier wird die Zwölf oft mit Sieben, deren Summe, assoziiert.

Die Zwölf liebt die dritte Dimension und ist die Zahl der Kanten eines Würfels und eines Oktaeders. Das Ikosaeder hat zwölf Ecken, und sein Dual, das Dodekaeder, besteht aus zwölf regelmäßigen Fünfecken. Auch das Kuboktaeder hat zwölf Ecken, die alle denselben Abstand zum Mittelpunkt aufweisen.

1 ↔ 2

Die Zwölf verbindet die beiden Ursprungsaspekte des Schöpfers, die Eins und die Zwei, in einer harmonischen Einheit und wechselseitigen Befruchtung. Die Polaritäten der Gottheit spiegeln sich in sich selbst, Einatmen und Ausatmen ergeben das Lebensprinzip. Alle Geheimnisse des Kosmos sind in dieser Zahl enthalten: die Vollkommenheit allen Seins, das harmonische Zusammengehen von Einheit und Unterscheidung, das Erleben der Vereinigung aller Gesetze, ausgedrückt im Schöpfungsprinzip der Polarität. Das erste, aktiv-männliche, positiv polarisierte Prinzip des Ausatmens spiegelt sich im zweiten, passiv-weiblichen, negativ polarisierten Prinzip des Einatmens als vollkommener Aspekt der Ganzheit im **Zustand** und in der Ruhe, das Subjektive verbindet sich mit dem Objektiven.

Die Zwölf ermöglicht die kosmische Ordnung und universale All-Einheit, das **vollkommene Universum** in Harmonie.

Das 12. Geistige Gesetz ist jenes der Gnade: **Ich bin ein Teil des großen Ganzen. Das große Ganze ist ein Teil von mir. Was deshalb gut ist für das große Ganze, muss auch gut sein für mich. Habe Vertrauen!**

10 x 12 = 120, 120 – 12 = 108, die symbolische Geheimzahl der Sonne und die Schlüsselzahl der kosmischen Harmonie. 108 ist auch die Anzahl der Kugeln an den Gebetsketten von Christen, Muslimen und Buddhisten.

Die Zwölf ist teilbar durch 2, 3, 4 und 6. Sie ergibt sich daher als Folge von:

11 + 1, 10 + 2, 9 + 3, 8 + 4, 7 + 5, 6 + 6
oder als
3 x 4, 4 x 3, 6 x 2, 2 x 6

Alle Brüche der Zwölf mit den Ziffern der Materie Eins bis Vier ergeben ganze Zahlen:

$$\frac{1}{2} \times 12 = 6$$
$$\frac{1}{4} \times 12 = 3$$
$$\frac{3}{4} \times 12 = 9$$
$$\frac{1}{3} \times 12 = 4$$
$$\frac{2}{3} \times 12 = 8$$

In der Thora und der Bibel kommt die Zwölf in ihrer Vollkommenheit des Öfteren vor:

- die 12 Stämme Israels
- die 12 kleinen Propheten
- die 12 Apostel
- die 12 Edelsteine im Brustschild des Hohepriesters
- die 12 Wasserbrunnen des alten Testaments
- die 12 Fürsten
- die 12 Quellen Elysiums
- das 12. Sternzeichen der Fische
- die 12 Tore des »himmlischen Jerusalems«
- die 12 x 12 = 144 (x 1000) Auserwählten

Das Pythagoräische Dreick (vgl. S. 115) vereinigt in sich die lineare Zahlenreihe 3 + 4 + 5 zum Umfang von 12 und damit einer neuen Ebene.
Mit der »vollkommenen Zahl« der Zwölf ist das »Rad des ewigen Lebens und der Wiedergeburt« und damit der laufende Schöpfungszyklus abgeschlossen. Sollte es einmal einen neuen geben, müsste er mit der Dreizehn der grenzen- und bedingungslosen Liebe des Christusbewusstseins beginnen.

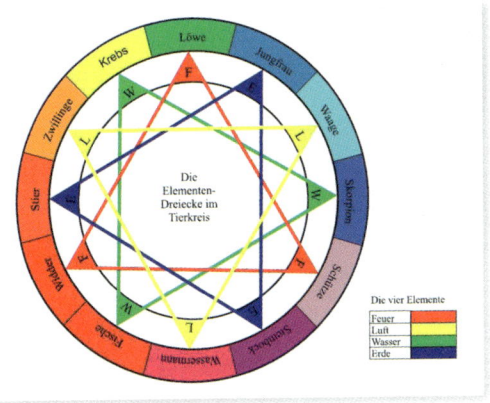

Den zwölf Pforten des Himmels standen in der Antike die zwölf Pforten der Unterwelt gegenüber.

Das Duodezimalsystem mit dem Attraktor 12 ist typisch für die 4. Dimension des Überbewusstseins und der spirituellen Identität. Beispielsweise wurde es in der Hochkultur **Lemurien** auf dem Kontinent **Mu** im Pazifik angewandt.

Die Zwölf findet sich auch in der Anzahl der Apostel, der Ritter der Tafelrunde von König Artus, den Kreuzwegstationen sowie den Quellen Elims (Num. 33,9). Es gibt 12 Monate des Jahres, 12 Tierkreiszeichen, 12 Inches pro Fuß usw.

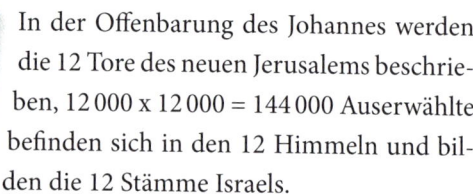

In der Offenbarung des Johannes werden die 12 Tore des neuen Jerusalems beschrieben, 12 000 x 12 000 = 144 000 Auserwählte befinden sich in den 12 Himmeln und bilden die 12 Stämme Israels.

Ein Baktun, ein Zyklus im Kalender der alten Maya, besteht aus 144 000 Tagen als Vielfaches von 12 Jahren.

Herodot wies auf die ideale Anzahl von 12 griechischen Städten in Asien hin, die als Ionischer Bund einen staatsähnlichen Verband bildeten.

Nach **Albrecht Dürer** bestimmen zwölf Winde die herrschenden Kräfteverhältnisse auf dem Erdball:

Die Zwölf symbolisiert:

- die Tarot-Karte des Gehängten
- die 12 Monate des Jahres
- die 12 Stämme Israels
- die 12 Tierkreiszeichen
- die 12 Prüfungen des Herkules
- die 12 Sinne des Menschen nach Rudolf Steiner
- das Duodezimalsystem
- den Jupiter
- Heiligkeit und Seligkeit

Affirmation: »Ich danke für die Fülle
und lebe mein Leben achtsam und bewusst
in Freude und innerem Frieden.«

Die DREIZEHN (13) – Neubeginn und Umbruch

Hier spiegelt sich die Eins von Neuem in der Trinität der Schöpfung (13 → 1 + 3 = 4) und manifestiert das Stoffliche in einer höheren Dimension:

12 Apostel + 1 Christus = 13
12 Ritter der Tafelrunde + 1 König Artus = 13

Der mit der Zwölf abgeschlossene erste kosmische Zyklus ordnet alles bisher Bekannte in ein hierarchisches System der Ordnung und Harmonie ein. Die Dreizehn stellt als aktives Einheitsprinzip das göttliche Wirken in **Liebe** dar.

Sie steht für einen Neubeginn auf einer höheren Ebene, in der grenzen- und bedingungslosen Liebe des Christusbewusstseins. Ein zweiter Zwölferzyklus nimmt seinen Anfang und schließt dabei mögliche Störfaktoren in der Durchbruchs- und Neuorientierungsphase bewusst mit ein.

Dies zeigt sich auch im physischen Aufbau des Menschen, der 12 + 1 = 13 Körperzonen besitzt, in denen sich die entsprechenden **Geistigen Gesetze** und – bei deren Nichtbeachtung – die entsprechenden Negativpotenziale in Form von Krankheiten und Gebrechen spiegeln.

Nr.	Körperzone	Farbe	Geistiges Gesetz	Negativprogramm der »künstlichen Matrix«
13	Christusbewusstsein	Magenta	Bedingungslose Liebe	Mangel an Liebe und Vertrauen, Identitätslosigkeit, Isolation, mangelnder Lebenswille
12	Kosmisches Bewusstsein	Purpur	Gnade	Verstoß gegen kosmische Pläne, Identitätsverlust, Selbstisolation, spirituelle Depression
11	Alphabereich	Blau/kalte Farben	Fülle	Mangel an Besitz, materielle Verhaftung, Unsicherheit, Armut, Mangel an Harmonie, Weisheit und Wissen
10	Scheitel	Violett	Entsprechung (wie oben, so unten; wie im Innen, so im Außen; wie im Kleinen, so im Großen)	Wissensmissbrauch, Machtgier, Faulheit, Manipulation, Hochmut
9	Stirn/Drittes Auge	Indigo	Geschlechtlichkeit (doppelte Polarität)	Sexualitätsprobleme, Todessehnsucht, mangelndes Zugehörigkeitsgefühl, Mangel an Lebensfreude und Licht, Selbstzerstörungstendenzen
8	Hals/Thymus/Bronchien	Hellblau/Türkis/Dunkelgrün	Harmonie	Sprachlosigkeit, mangelnde Kommunikation, aufgestaute Wut
7	Herz: spirituell/emotional physisch	Rosa Lindgrün/Limone	Kausalität (Ursache und Wirkung)	Druck, Energiestau, Groll, Ärger, Eigenwertmangel, Selbstzerstörung, Hass, Abhängigkeit, Leben in Scheinwelten, Sinnlosigkeit, Rache, Sucht
6	Solarplexus/Nabel	Gelb/Gold	Resonanz	Druck, Schuld, Ohnmacht, Stress, Mobbing, Machtmissbrauch, Egoismus, schwarze Magie, Mangel an Willensenergie
5	Unterbauch/Sakralbereich	Orange/Hellrot	Schwingung und Rhythmus	Angst, Neurosen, Phobien, Mangel an Vergebung, Selbstvergebung und Loslassen
4	Beckenboden/Wurzelebene	Rot/warme Farben	»Vier Gesichter Gottes«	Mangel an Ur-, Gott- und Selbstvertrauen, Erdung, Selbstakzeptanz, Inkarnationsannahme, Trennung von Innen und Außen
3	Omegabereich		Trinität	Mangelndes Loslassen, Nichtannahme von Verlusterfahrungen, Leere, karmische Stauprogramme
2	Knie/Unterschenkel	Rostrot	Polarität/Dualität	Widerstand, Schmerz, Leid, Starre, Verbitterung, mangelnde Karmaverarbeitung, Freud- und Sinnlosigkeit
1	Füße	Dunkelrot	Geistigkeit, Einheit, Ganzheit, Vollkommenheit	Mangel an Vertrauen, Isolation, Trennung von Innen und Außen

Die erste kosmische Dimension der Zahlen soll dem bewussten Menschen das schöpferische Wirkungsprinzip des Universums und damit »das Reich Gottes auf Erden« offenbaren. Das Ziel ist, **Harmonie** auf allen Ebenen des Seins zu erreichen. So gelangen Wollen und Handeln in Balance, verwandelt sich Missklang in Einklang, Hass, Unvernunft und Intoleranz werden überwunden. Das Ziel der **Vereinigung mit dem göttlichen Ursprung in Liebe** wird erreicht. Erkenntnis und Vergebung in Liebe sind die Voraussetzungen für Erleuchtung und Vollkommenheit. Die Erfahrung vieler Leben führt zur Weisheit. Den Weg dorthin weist die Botschaft, die in den Zahlen liegt.

Eigentlich war die Dreizehn von alters her eine große Glückszahl und stand als solche für die Christus-(Sananda-/Maitreya-)Energie der grenzenlosen Liebe in einem neuen Schöpfungszyklus.

Die Bedeutung als Unglückszahl erhielt diese Ziffer, weil sie das Überschreiten der »vollkommenen Zahl« Zwölf darstellt, in der Magie als »Judaszahl« galt. Auch bei den alten Ägyptern brachte die Dreizehn Unglück, denn Isis setzte ihren toten Gemahl aus 13 zerstückelten Einzelteilen wieder zusammen, ihr fehlte jedoch der 14. Teil, sein Penis.

Die eigentliche negative Bedeutung der Dreizehn, vor allem in Verbindung mit dem Freitag, geht jedoch auf die Templer zurück:

- Am Freitag, dem 13. Oktober 1307 setzte der französische König Philipp in der ersten Großrazzia der Geschichte die 150 einflussreichsten Templer in Frankreich fest.
- Am Freitag, dem 13. März 1314 wurden der damalige Großmeister JACQUES DE MOLAY und zwei seiner Komturen auf der Isle de la Cité in Paris verbrannt.

In der christlichen Tradition steht die Dreizehn zudem für die Hierarchien der Hölle, weil sie die Zentralziffer des Mars-Quadrates ist.

In der altjüdischen Kabbala gibt es die 13 himmlischen Quellen, die 13 »Tore der Gnade« und die 13 Ströme von Balsam, die die Frommen im Paradies erwarten.

Die Dreizehn symbolisiert:
- eine Primzahl und Fibonacci-Zahl
- die Tarot-Karte des Todes
- den Neubeginn eines Schöpfungszyklus

Affirmation: »Jedem Anfang entspricht ein Ende, und jedes Ende ist ein neuer Anfang.«

Die VIERZEHN (14) – die große Mondzahl

Die Vierzehn gehört zu den wichtigen Mondzahlen. Als 28 : 2 = 14 ist sie mit seinen Phasen sowie mit den Buchstaben des arabischen Alphabets verbunden. Symbolisch-ethisch steht diese Zahl für Hilfe und Unterstützung. In Babylon gab es 14 Götter, in der Schia die 14 »unschuldigen Märtyrer«, zu denen auch *Mohammed* und *Fatimah* gehören, und unter den katholischen Heiligen die 14 »Nothelfer«.

Die Vierzehn symbolisiert:
- die Tarot-Karte der Leidenschaft
- den Körper von Osiris, der von seinem Bruder Seth in 14 Teile zerstückelt wurde
- die Anzahl der Tage einer babylonischen Siebener-Doppelwoche

Die FÜNFZEHN (15) – die kleine Mondzahl

Fünfzehn ist das Produkt der heiligen Zahlen Drei und Fünf sowie die Summe aller Ziffern bis Fünf:

$$1 + 2 + 3 + 4 + 5 = 15$$

Sie ist auch die Ziffer der »15 Geheimnisse des Rosenkreuzes«.

Das babylonische **Ninive**, die Stadt der Göttin Ischtar, des Mondes und der Venus, hatte 15 Tore.

Mädchen waren einstmals mit dem vollendeten 15. Lebensjahr ehemündig. Daher steht die Fünfzehn für das **weibliche Erwachen** sowie für den »Gott im Außen« als materielle Spiegelung des »Gottes im Innen«.

Die Zahl Fünfzehn symbolisiert:
- die Tarot-Karte des Teufels
- den Vollmond

Die SECHZEHN (16) – Ganzheit und Vollkommenheit

Diese Zahl zeigt sich in der sechzehnarmigen Göttin **Pussa** aus Babylonien, die auf einer Lotosblume sitzt.

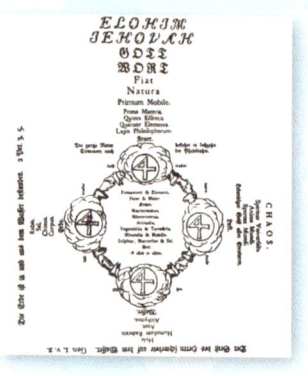

Astral steht diese Zahl für den 16-zackigen Stern und die 16 Weltgegenden.
In der Lehre von den »Geheimen Figuren der Rosenkreuzer« aus dem 16. und 17. Jahrhundert zeigt sich die philosophische Aufteilung der 4 x 4 = 16.

Die Zahl Sechzehn symbolisiert:
- die Tarot-Karte des Turms
- die Annahme der eigenen Weiblichkeit

Die SIEBZEHN (17) – Überwindung

Der arabische Alchemist **Dschabir Ibn Hayyan** teilte die 17 als Fundament der anderen Zahlen auf in die Relationen 1 : 3 : 5 : 8. Die Quersumme ist 17.

Als Unglückszahl gilt sie nur im Zusammenhang mit der Überschreitung der Sechzehn.

In der alttürkischen Tradition des Bektaschi-Ordens sowie in der Lehre vom Erscheinen des Mahdi spielt die 17 eine große Rolle. Es gab 17 Hauptgilden und 17 Schutzpatrone, ebenso 17 Kriege und 17 gefallene Helden.

Die Zahl Siebzehn symbolisiert:

- eine Primzahl
- die Tarot-Karte des Sterns

Die ACHTZEHN (18) – die astrale Zykluszahl

Ein »Saroszyklus«, in dem sich Sonnen- und Mondfinsternisse in derselben Reihenfolge wiederholen, dauert 18 Jahre. Daher verheißt diese Zahl Glück und wird durch die dreifache Darstellung des sechszackigen Davidsterns symbolisiert.

Die Achtzehn steht für die Transformation der Trinität der 666 → 18 → 9 in die 999 → 27 → 9 und damit für die Vollkommenheit des Menschen.

In der altjüdischen Kabbala entspricht die Achtzehn dem Wort *hay* (»lebendig«) und dem Namen David, in der christlichen Tradition der Erfüllung des Gesetzes durch die Gnade als 10 + 8 = 18 sowie dem Glauben an die Trinität als 3 x 6 = 18.

Für die »tanzenden Derwische« der **Sufi**-Tradition hat die Achtzehn eine zentrale Bedeutung. Dies gilt auch für die germanische Tradition: **Haldan** hatte 18 Söhne, Odin kannte 18 Geheimnisse.

Die Zahl Achtzehn symbolisiert:
- die Tarot-Karte des Mondes
- die Zahl der griechischen Töne

Die NEUNZEHN (19) – die heilige Zahl im Islam

Die Neunzahl stellt als Zykluszahl ein Glückssymbol und eine Lebenszahl dar. Sie ist eine unvollendete Zwanzig und die heilige Zahl der Bahais, die ein Jahr in 19 Monate zu je 19 Tagen aufteilen. Im altägyptischen Totenbuch gibt es neunzehn Körperteile, im Mittelalter wurden die 12 Tierkreiszeichen mit den 7 damals bekannten Planeten verbunden als $12 + 7 = 19$.

Die Zahl Neunzehn symbolisiert:
- eine Primzahl
- die Tarot-Karte der Sonne
- den metonischen Kreis des Mondes

Die ZWANZIG (20) – die Ziffer der Zahlsysteme

Die Anzahl der Finger und Zehen des Menschen beträgt zwanzig. Bei den Kelten waren 40 = 2 x 20, bei den Ainu 80 = 4 x 20 heilige Zahlen. Im christlichen Mittelalter stand die Zwanzig für die Ausführung der zehn Gebote im Denken, Fühlen und Handeln. In der 4 x 5 = 20 lassen den Menschen die fünf Sinne die vier Evangelien verstehen als 4 x 5 = 20.

In Babylon war die Zwanzig dem Sonnengott **Schamasch** zugeordnet.

In der ältesten Form des Maya-Kalenders sahen die Namen und Hieroglyphen der zwanzig Tage wie folgt aus:

Der alte aztekische Kalender war aufgeteilt in 13 x 20 Tage.

Als Zwillingszahl der Zehn symbolisiert die Zwanzig auch die Gleichsetzung und Verschmelzung von Diesseits und Jenseits, des physisch-grobstofflichen und des ideell-feinstofflichen Universums.

Die Zahl Zwanzig symbolisiert:
- die Tarot-Karte des Gerichts
- das Zahlensystem der Mayas
- die Anzahl der Babyzähne
- Diesseits und Jenseits

Die EINUNDZWANZIG (21) –
die Zahl der Umpolung

Die Einundzwanzig bedeutet das Ende eines Lebensabschnittes und die **Vollendung.** Deswegen wurde man früher in vielen Ländern (in Deutschland bis 1974) mit 21 Jahren volljährig. Im Universum ist die 3 x 7 = 21 die Ziffer der 21 Vollkommenheiten der Weisheit und der Umpolung. Mit ihr ist jedoch noch nicht praktisch umgepolt, sondern erst mit der 22 oder höheren Zahlen. Die beste Umpolungszahl ist die 23 als Zahl der Sonne und der männlichen Komponente der Gottheit.

Die Zahl Einundzwanzig symbolisiert:
- eine Fibonacci-Zahl
- die Tarot-Karte der Welt
- den einundzwanzigsten Buchstaben des griechischen Alphabetes Phi
- die Zahl der buddhistischen Göttin Tara
- den Beginn eines neuen Lebensabschnittes

Affirmation: »In meiner Vollendung
zeigt sich die Liebe zu mir und zu allem Sein.«

Die ZWEIUNDZWANZIG (22) – das hebräische Alphabet

Die 22 Buchstaben der althebräischen Schrift sind die Folgenden:
Aleph (1), *Beth* (2), *Gimel* (3), *Daleth* (4), *Hesh* (5), *Vav/Vau* (6), *Zayn* (7), *Chet* (8), *Tete* (9), *Yod* (10), *Kaph* (11), *Lamed* (12), *Mim* (13), *Nun* (14), *Samekh* (15), *Eyin* (16), *Pe* (17), *Tzadi* (18), *Kuf* (19), *Resh* (20), *Shin* (21), *Taw* (22)

Sie werden eingeteilt in:

- die drei Mütter *Aleph, Mim* und *Shin*
- die sieben doppelten Buchstaben der bekannten Planeten
- die zwölf grundlegenden Buchstaben des Tierkreises

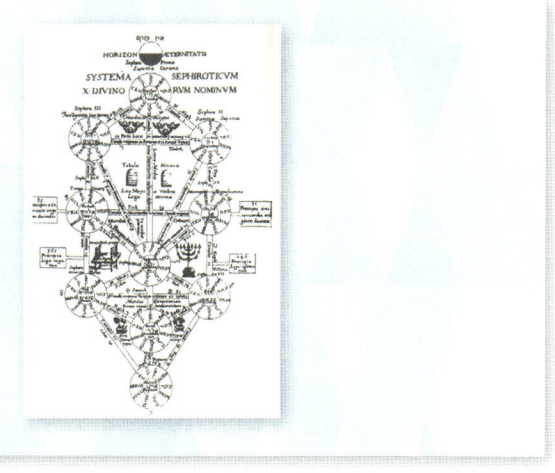

Zweiundzwanzig Linien verbinden die zehn **Sephiroth** des Lebensbaumes, zweiundzwanzig Einzelkarten bilden die 10. Stufe des altägyptischen

Einweihungsweges. Diese 22 Karten der menschlichen Grundsituation bilden auch die Symboldarstellungen der »Großen Arkana« des Tarot.

Die Zahl Zweiundzwanzig symbolisiert:
- die 22 Karten der Großen Arkana im Tarot
- die Anzahl der Buchstaben im altsemitischen, altgriechischen, altrömischen und hebräischen Alphabet
- die möglichen ganzzahligen Teilungen eines Kreises mit seinen 360°: 2, 3, 4, 5, 6, 8, 9, 10, 12, 15, 18, 20, 24, 30, 36, 40, 45, 60, 72, 90, 120, 180
- den menschlichen Denkprozess
- kreatives und schöpferisches Denken und Tun
- Feinfühligkeit und Intuition

Die DREIUNDZWANZIG (23) – die Zahl der Sonne

Dreiundzwanzig ist die Zahl der männlichen Komponente der Gottheit, damit auch der Sonne und der mit dieser zusammenhängenden Datenbanken der Solarier.

Die Zahl Dreiundzwanzig symbolisiert:
- eine Primzahl
- die Anzahl der menschlichen Chromosomenpaare
- die sichtbaren Mondtage

Die VIERUNDZWANZIG (24) – Harmonie

Diese Ziffer ist eng verbunden mit den 24 Stunden des Tag- und Nachtzyklus. In der Zahlenmystik wird die 24 aufgeschlüsselt in:

$$4 \times 6$$
$$3 \times 8$$
$$2 \times 12$$

In der Apokalypse gibt es die 24 Ältesten, die die Harmonie zwischen König und Priester verkörpern.

24 ist auch die Anzahl der Buchstaben im Alphabet und der musikalischen Tonfolgen. Sie erklärt Musik als im Klang geordnete Ziffern und als Grundlage der Sphärenharmonie.

Die FÜNFUNDZWANZIG (25) –
die Vollkommenheit der fünf Sinne

Die Ziffer 25 stellt das Zentrum der meisten »magischen Quadrate« dar. Sie lässt sich als 5 x 5 = 25 und damit als Potenzierung des freien menschlichen Willens durch Wahl oder als Summe aller einstelligen ungeraden Zahlen 1 + 3 + 5 + 7 + 9 = 25 herleiten.

In der Zahlenfolge 3 x 8 + 1 = 25 verkörpert sie den Glauben an den einen Gott in der Dreifaltigkeit, die Auferstehung und das ewige Leben.

Der freie menschliche Wille der Fünf wird mit sich selbst multipliziert und führt zur Wissensanwendung aus dem individuellen Inneren heraus.

Die SECHSUNDZWANZIG (26) –
die Zahl der vollen Siebenerwochen

Die Sechsundzwanzig ist die Zahl der vollen Siebenerwochen eines halben Sonnenjahres und auch die Inhaltszahl des hebräischen Gottesnamens JHWH:

$$Jod = 10$$
$$He = 5$$
$$Wod = 6$$
$$He = 5$$
$$Summe: 26$$

Ein zweiter Schöpfungszyklus (vgl. S. 141) endet mit der Sechsundzwanzig in Liebe.

Die SIEBENUNDZWANZIG (27) – die Trinität der Vollkommenheit

Als 3 x 9 = 27 ergibt sich die Zahl der Sichtbarwerdung des Mondes in 27 Nächten ohne die Dunkelnächte.

Siebenundzwanzig ist auch die Anzahl der Tage eines siderischen Monats, in dem in Babylon das Orakel befragt wurde, und eine Glückszahl.

Die ACHTUNDZWANZIG (28) – Mond und weibliche Komponente der Gottheit

Die Achtundzwanzig ist eine »vollkommene Zahl«, die sich aufteilt in:

$$1 + 2 + 4 + 7 + 14 = 28$$

Auch als 4 x 7 = 28, die Anzahl der Buchstaben im arabischen Alphabet, spielt diese Ziffer eine große Rolle.

In der altsemitischen »**Abdschad**«-Anordnung der Zahlenreihe werden die Ziffern von Eins bis Tausend gebildet, indem den zehn ersten Buchstaben die Einer, der Zehn bis Neunzehn die Zehner und den restlichen Buchstaben die Hunderter zugeordnet werden, bis mit dem Buchstaben Ghain, dem letzten des Alphabets, die Tausend erreicht ist. Die gleiche Form findet sich übrigens bereits in den »Tausend Liedern aus Theben« um 1300 v. Chr., die in Wirklichkeit aus 28 Gedichten bestehen.

28 Tage bzw. Nächte läuft ein Mondzyklus, was an der Fingerteilung sichtbar wird. Daher steht die Achtundzwanzig symbolisch auch für die aufnehmende, energieabsorbierende, weibliche Komponente Gottes bzw. für die **Stärke der femininen Urkraft.**

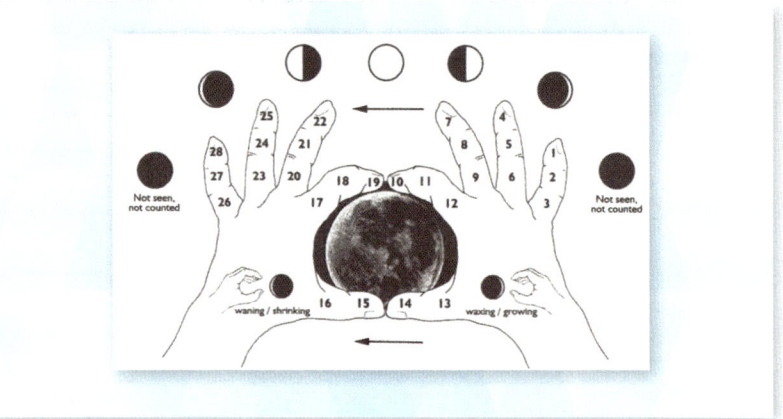

Die Zahl Achtungzwanzig symbolisiert:

- die perfekte Zahl nach Sechs bei Pythagoras
- die Anzahl der Buchstaben im arabischen Alphabet
- das stetig wiedergebärende Naturleben

Die NEUNDUNDZWANZIG (29) – der Wertbegriff des Menschen

Der Wertbegriff des Menschen geht auf den Sachverhalt zurück, dass Judas Ischariot Jesus für dreißig Silberlinge verraten hat.

Die DREISSIG (30) – Ordnung und Gerechtigkeit

Als Produkt von 5 x 6 = 30 stellt die Dreißig die Vollkommenheit von Gnade und Gesetz dar.

In der biblischen Geschichte begannen sowohl **Moses** als auch **Jesus** ihr Leben in der Öffentlichkeit mit dreißig Jahren. Dreißig Jahre ergeben einen Monat eines Gottesjahres von 360 Jahren.

Samsons Braut hatte 30 Brautführer, die 30 Kleider und 30 Festgewänder erhielten.

Die Dreißig steht für die volle Schaffenskraft eines Menschen in der Trinität von **Weisheit, Wille** und **Stoff.**

Die EINUNDDREISSIG (31) – die göttliche Schöpferzahl

Die Einunddreißig ist der kabbalistische Zahlenwert für *El*, die hebräischen Schöpfungsaspekte:

$$E = 1, L = 31, EL = 32$$

Die ZWEIUNDDREISSIG (32) – Vorbereitung

Die vierfache Acht ist eine Glückszahl. Die Vier der Inkarnation in einen grobstofflichen, physischen Körper im »Rad des ewigen Lebens«, verbunden mit der mentalen Überwindung des physischen Todes, stellt die Grenze zwischen der Fein- und der Grobstofflichkeit dar.

Am Anfang wird der »Querbalken des Kreuzes« von oben nach unten durchstoßen, nach dem »Abstieg in die Materie« und dem Kontakt mit der dichtesten Materie der Sechs folgt durch den Lichtkörperprozess des aufstrebenden Menschen der Sieben das »Durchstoßen des Querbalkens des Kreuzes« der Acht von unten nach oben.

Die Kabbala kennt 32 Wege der Weisheit als Verbindung der 10 **Sephiroth** mit den 22 Buchstaben des hebräischen Alphabets. Die Zweiundzwanzig ist die Zahl des Herzens.

Der Mensch hat 32 Zähne, daher steht diese Zahl auch für das »materielle Durchbeißen«.
Es gibt 32 Skatkarten und 32 Schachfiguren.

Die DREIUNDDREISSIG (33) – Vollendung

Jesus lebte 33 Jahre auf Erden, und David regierte 33 Jahre. Das ideale Alter der Seligen im Paradies des Islam ist 33 Jahre.

Auch in der indischen Mythologie steht die 11 x 3 = 33 für die Anzahl der Götter.

Dreiunddreißig gilt auch als die Zahl der Gottheit, weil sich die Trinität in dieser spiegelt:

$$3 \leftrightarrow 3$$

In der jüdischen Tradition steht die 33 auch für Trauer als *Abel:*

$$A = 1, B = 2, L = 30$$

Die Dreiunddreißig symbolisiert:
- zunehmende Vorstellungskraft
- Leben in Traumwelten, Verlust des Kontaktes zur Realität
- Veranlagung zum Schreiben, künstlerische Begabung
- Kontrolle der geistigen Kräfte
- konstruktive mentale Fähigkeiten
- gutes Verständnis der Gegenwart
- sinnvolles bewusstes Mentalreisen

Die VIERUNDDREISSIG (34) – die Geheimzahl der Gottheit

Aus der Zahl der Gottheit 33 wird die »Geheimzahl der Gottheit« unter Berücksichtigung der eigenen Göttlichkeit:

$$33 + 1 = 34$$

Die Vierunddreißig steht daher für die Annahme der eigenen Göttlichkeit des Menschen.

Die FÜNFUNDDREISSIG (35) – freier menschlicher Wille

Die Multiplikation der Fünf des freien menschlichen Willens und der physischen Individualität verbindet sich im »Abstieg in die Materie« nach dem Kennenlernen der Dunkelheit und der dichtesten Materie mit der Sieben des freien menschlichen Willens im Einklang mit dem göttlichen Willen und der spirituellen Identität. Es ergibt sich so die 5 x 7 = 35.

Die SECHSUNDDREISSIG (36) – die Dekane des Zodiak

Die 36 ist das Produkt der ersten Quadratzahlen Vier und Neun:

$$4 \times 9 = 36$$

Ebenso entsteht sie aus 6 x 6 = 36. Zudem ist die 36 ein Vielfaches von 12:

$$12 \times 3 = 36$$

Die Sechsunddreißig ist die Anzahl der himmlischen Dekane oder Himmelsorgane.

Die Sechsunddreißig steht auch für den hebräischen Gottesnamen *Eloah:*

$$E = 1, L = 30, H = 5$$

und damit für die Verbindung zum Göttlichen.

Die SIEBENUNDDREISSIG (37) – Aufstieg des Menschen

Die Siebenunddreißig steht für die Trinität der Drei in der Spiegelung der Sieben des aufstrebenden Menschen im Lichtkörperprozess.

$$3 \leftrightarrow 7$$

Die ACHTUNDDREISSIG (38) – Wissen und Weisheit

Die Achtunddreißig zeigt auf, wie der (Gott-)Mensch sich mit der Weisheit der Urquelle verbindet und mit seinem Wissen diese durch seinen freien menschlichen Willen zum Ausdruck bringt. In dieser Zahl kommt die Trinität (3) des Weges zur Unsterblichkeit (8) zum Ausdruck.

Die NEUNUNDDREISSIG (39) – Befreiung und Auferstehung

In der jüdischen Tradition ist die Neununddreißig als Verbindung zur vierzig wichtig. Es gibt eine Liste von 39 Hauptarbeiten, die man am Sabbat nicht durchführen darf. Diese werden ergänzt durch 39 Unterarbeiten.

Die durchschnittliche menschliche Schwangerschaft dauert 39 bis 40 Wochen. 39 steht daher für Befruchtung und Auferstehung.

Die VIERZIG (40) –
die Geheimzahl des Menschen

Ali Baba hatte vierzig Räuber um sich. Die Fastenzeit hat eine Länge von vierzig Tagen, entsprechend der Zeit, die Jesus in der Wüste verbrachte. Jesus erhielt vierzig Geißelhiebe, und vierzig Tage regnete es während der Sintflut. Die Plejaden verschwinden jedes Jahr für vierzig Tage aus der Sicht der irdischen Beobachter.

Die Vierzig kann auch als Verbindung von den 28 Mondstationen und den 12 Tierkreiszeichen gesehen werden.

Vierzig ist eine Schicksalszahl. Viele israelische Könige regierten vierzig Jahre. Nach dem Alten Testament vergingen vom Exodus aus Ägypten bis zur Erbauung des Tempels Salomon 12 Generationen zu jeweils 40 Jahren, also 12 x 40 = 480 Jahre.

Die Vierzig weist uns darauf hin, das eigene Wissen auch zu leben.
Sie ist die Zahl des Wartens und der Vorbereitung, im Islam und Judentum auch die Periode der Trauer, der Reinigung und der Selbsterkenntnis.

Im Islam entspricht die Vierzig dem Buchstaben M und steht damit für den Propheten Mohammed.

Vierzig Stufen trennen den Menschen von Gott, die durch vierzigtägige Meditationen *(Tschillas)* überwunden werden können.

Als 1 x 4 + 2 x 4 + 3 x 4 + 4 x 4 stellt die Vierzig eine »verklärte Tetraktys« dar.

Die Zahl Vierzig symbolisiert
- die Trauerzeit im Islam
- Vorbereitung und Warten, Geduld und Ausdauer
- *Adam Kadmon,* den idealen Menschen

Die ZWEIUNDVIERZIG (42) –
die Zahl der Vorbereitung

42 Tage entsprechen 6 Wochen, die als Ruhe- und Vorbereitungszeit für die Meditation des »Weges zu Gott« empfohlen werden.

42 Götter repräsentierten die Kriterien für die Seelenwägung und das negative Glaubensbekenntnis im altägyptischen Totenbuch.

Die Zahl Zweiundvierzig symbolisiert:
- die 42 Richtergötter im altägyptischen Totenbuch
- das Leben und das Universum

Die VIERUNDVIERZIG (44) – das Loslassen von Materie

Die Zahl Vierundvierzig symbolisiert:
- die Überbetonung des Materiellen
- das Loslassen materieller Güter
- das Gleichgewicht von physischer, mentaler, emotionaler und spiritueller Ebene

Die FÜNFUNDVIERZIG (45) – Adam

Die Fünfundvierzig steht im Hebräischen für den Menschen *Adam:*

$$A = 1, D = 4, M = 40$$

Die ACHTUNDVIERZIG (48) – die Zahl des Tempelkreises

Es besteht ein Bezug der Achtunddreißig zum **Tempelkreis** im von **Hiram** erbauten »Tempel Salomons«.

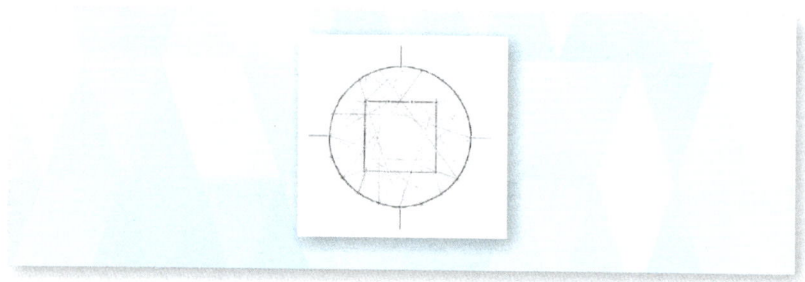

In den Urkreis kann man vier Dreiecke, vier Quadrate und vier Pentagone einzeichnen. Es ergeben sich 48 Eckpunkte: 12 für die Dreiecke, 16 für die Vierecke und 20 für die Pentagone. Alle Formen zusammen bilden eine Art Siegel.

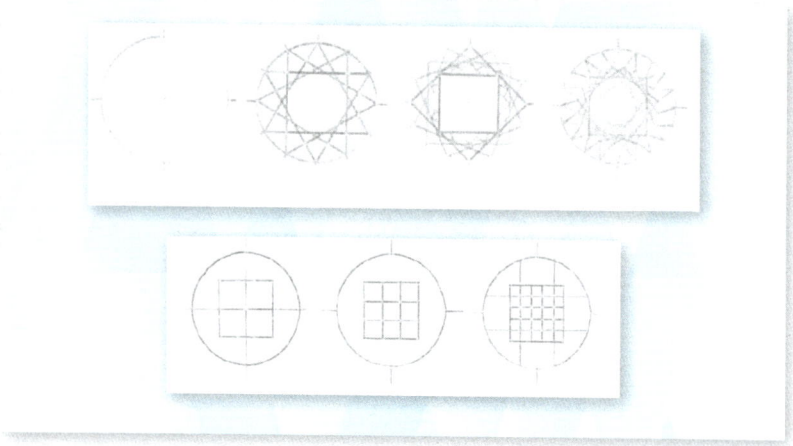

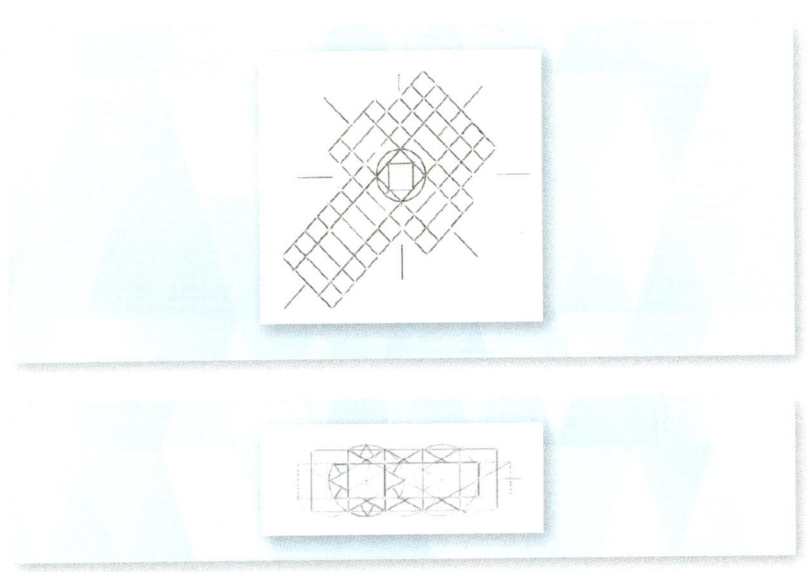

Den Tempelkreis mit einem Radius von 16,60 m schneidet der Urkreis an Punkt C und bestimmt so die Länge des Radius R_b des kleinen Kreises von 12,80 m.

Aus den Schnittpunkten entsteht im Urkreis ein Pentagon. Das ist die Konstruktion von Schmid-Curtius. Die Radien R_s und R_b messen 17 m und 12,40 m.

Eine dritte Konstruktion wurde durch Kemper entdeckt, angeregt durch Rudolf Steiners Hinweis, dass die beiden Kreise qualitativ anders sind. Diese liegt auch dem ersten Goetheaneum zugrunde.

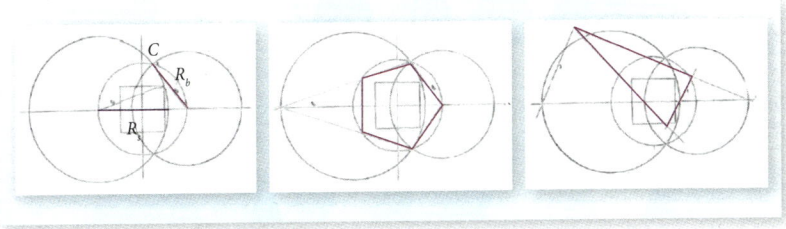

Die NEUNUNDVIERZIG (49) – die Überwindung der schwarzen Magie

Die Neunundvierzig stellt als 7 x 7 das Quadrat der heiligen Zahl Sieben dar. Sie steht für die Überwindung der »schwarzen Magie« durch den freien menschlichen Willen im Einklang mit dem Willen Gottes.

Die Zahl Neunundvierzig symbolisiert die Anzahl der Tage im Zwischenreich im Tibetischen Totenbuch.

Die FÜNFZIG (50) – Reue und Vergebung

Die fünf Sinne der menschlichen Wahrnehmung werden in der Fünfzig verbunden mit den zehn Geboten.

In der irischen und der griechischen Tradition spielte die Fünfzig eine große Rolle, z. B. als 3 x 50 = 150 Frauen zur Verkörperung der Macht des Königs, als die 50 Söhne des Priamos, die Danaiden, die Rinder des Helios oder die Schweine des Eumaios.

Mit 50 Jahren musste ein Mann im alten Rom keinen Kriegsdienst mehr leisten.

Die Zahl Fünfzig symbolisiert:
- die Anzahl der Zeichen im Sanskrit
- den Zeitraum in Tagen zwischen Ostern und Pfingsten

Die FÜNFUNDFÜNFZIG (55) – Individualität und Identität

Die Fünfundfünfzig stellt die Summe aller Zahlen von Eins bis Zehn dar und kann in unterschiedliche Elemente aufgeteilt werden, z. B.:

$$28 + 12 + 10 + 5 = 55$$

Die Fünf der Individualität des freien menschlichen Willens spiegelt sich so in sich selbst.

$$5 \leftrightarrow 5$$

Die Zahl Fünfundfünfzig symbolisiert:

- eine Fibonacci-Zahl
- die Summe der Zahlen von 1 bis 10 als »okkulter Wert der Zahl«:
  $1 + 2 + 3 + 4 + 5 + 6 + 7 + 8 + 9 + 10 = 55$
- den emotionalen Ausdruck des Menschen
- Entschlossenheit
- Selbstvertrauen und Selbstsicherheit
- Verdauungsprobleme und Stoffwechselstörungen
- »himmelhoch jauchzend, zu Tode betrübt«
- launisches Verhalten
- die Bedeutung der Familie
- künstlerische Kreativität
- Selbstdisziplin
- erst denken, dann handeln
- Verantwortungsbewusstsein

Die SECHZIG (60) – die Zahl des Sexagesimalsystems

Die Sechzig war in der Antike eine wichtige Zahl, die auch heute noch eine große Rolle spielt, z. B. in der Zeitrechnung von Sekunden und Minuten. 60 x 60 = 360 Grad hat der Kreis.

60 ist die Zahl eines Weltjahres von 360 x 3600 = 12 960 000 Jahren. Als 60^4 erscheint diese Zahl auch in Platons Hochzeitszahl.

Sechzig ergibt sich auch als:

$$3 \times 4 \times 5 = 60$$

Diese Zahl steht symbolisch für den Weg aus der Dunkelheit zum Licht.

Die VIERUNDSECHZIG (64) –
die große Glückszahl

Die Multiplikation der Glückszahl Acht mit sich selbst ergibt die große Glückszahl:

$$8 \times 8 = 64.$$

Diese Zahl zeigt sich auch in den 64 Hexagrammen des **I Ging,** in den 64 Feldern des Schachbretts und den 64 Tripletts des genetischen Codes der menschlichen DNS.

Die Zahl Vierundsechzig symbolisiert:
- die Anzahl der Hexagramme im I Ging
- die Einzelteile des »Auges des Horus« *Udjat*
- die Unsterblichkeit

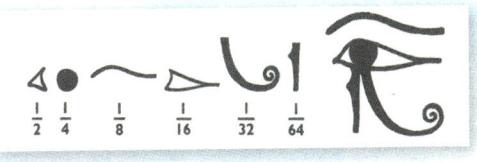

DIE SECHSUNDSECHZIG (66) –
die Zahl des Wortes Allah

Die Sechsundsechzig ist der Zahlenwert des Wortes **Allah.** Im magischen Quadrat des Islam findet man ihn in den zwölf Imamen der Schia.

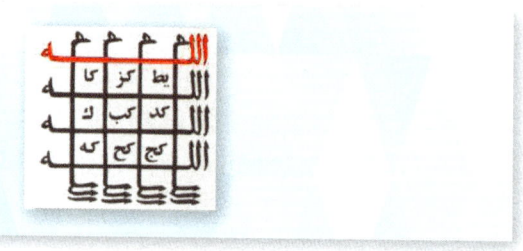

Die Zahl Sechsundsechzig symbolisiert:
- große Kreativität, die nach außen gebracht werden muss
- Ärger und Stress
- ein liebevolles Engagement für Familie und das Zuhause
- eine Tendenz zum Ausgleich in Harmonie
- »liebevolle Kreativität« verteilen und ausdrücken
- bewusste Ernährung und Lockerheit
- Freude ersetzt Stress
- schwache Nerven

Die SIEBZIG (70) – reiche Fülle

Siebzig ist die Zahl der Trauer und der Vergebung genauso wie jene des Geheimnisses.

70 000 Schleier trennen Gott und seine Schöpfung. Die Lichtessenz des Propheten Mohammed soll der mystischen Lehre nach 70 000 Jahre am »Baum der Erkenntnis« gehaftet haben.

Diese Zahl steht auch für die 70 Ältesten Israels und die Weisheit in Notzeiten.

Die ZWEIUNDSIEBZIG (72) – die Zahl der heiligen Namen

72 ist ein Fünftel des Kreisbogens von 360 Grad. Der Frühlingspunkt der Sonne verschiebt sich in 72 Jahren um ein Grad im Tierkreis.

Die Symbolzahl der 72 zeigt sich in der Zwölf, der Acht und der Sechs als 12 x 6, 9 x 8 und 6 x 12.

Es gibt 72 Namen Gottes in der Bibel sowie 72 Namen von Erzengeln (Exodus 14,19–21) und 72 Jünger.

In China kennt man 72 Heilige, die Manichäer hatten 72 Bischöfe, der Islam bestand aus 72 Sekten, und Konfuzius lebte 72 Jahre.

Die SECHSUNDSIEBZIG (76) – Elohim

Die Sechsundsiebzig steht für den hebräischen Gottesnamen *Elohim:*

$$E = 1, L = 30, H = 5, M = 40$$

Die SIEBENUNDSIEBZIG (77) – die Gesundheit

Die Zahl Siebenundsiebzig symbolisiert:
- Gesundheit, Besitz, Liebe
- die Intensität der Erfahrungen
- Heilung, Mitgefühl und Freude
- »Opfermentalität«

Die ACHTZIG (80) – die Zahl des höchsten Lebensalters

Die Achzig steht in Psalm 90,10 für das höchste Lebensalter.

Die ACHTUNDACHTZIG (88) – Liebe zum Detail

Die Zahl Achtundachzig symbolisiert:
- Liebe zum Detail
- Tendenz zum Pessimismus
- Rast- und Ruhelosigkeit
- eine realistische Einschätzung von Sachverhalten

Die NEUNUNDNEUNZIG (99) – die Ernsthaftigkeit

Die Zahl Neunundneunzig symbolisiert:

- Ehrgeiz und Idealismus
- Ernsthaftigkeit im Denken
- eine hohe Erwartungshaltung
- Probleme mit der »Leichtigkeit des Seins«
- Hang zum Sarkasmus
- Zielstrebigkeit und Entschlossenheit

Die EINHUNDERT (100) – die Erfüllung

Durch 10 x 10 = 100 entstand in der Antike das vollkommene Gute. Die Einhundert ist die große Rundzahl und steht für Abschluss und Vollendung.

Die EINHUNDERTACHT (108) – die Geheimzahl der Sonne

Die Zahl 108 ist das Produkt von 12 und 9. 120 ist die Zahl der Sonne, und 108 als 10 x 12 (= 120) – 1 x 12 = 108 ihre »Geheimzahl«.

Sie bezeichnet die Anzahl der Kugeln an den üblichen Gebetsketten im Rosenkranz, den Gebetsketten der Tibeter und der Sufis.
Krishna tanzte mit 108 Frauen. Es gibt 108 000 Stufen der Wiedergeburt und 108 heilige tibetische Schriften.

Die EINHUNDERTELF (111) –
das Loslassen von Emotionen

Die 111 symbolisiert:
- eine Neigung zur Introvertiertheit
- Probleme beim Selbstausdruck
- die passende Bestimmung des Ich im Vergleich zur Egokraft
- eine Tendenz zur Isolation
- die Kontrolle von Emotionen und deren Loslassen
- Lockerheit
- den künstlerischen Ausdruck
- die Gefahr von Suchtverhalten

Die EINHUNDERTZWANZIG (120) –
die Zahl der Sonne

120 Jahre lebte der Gottesfürchtige im Alten Testament (1. Moses 6,3).
120 ist die Zahl der Sonne.
Als 10 x 12 steht diese Zahl für die Harmonie der Welten.

Die EINHUNDERTVIERUNDVIERZIG (144) – die Erlösung

Die 144 ergibt sich aus 12 x 12, der Potenzierung der »vollkommenen Zahl« Zwölf. Sie ist die harmonikale Frequenz des Lichtes und steht für Perfektion.

Eine große Rolle spielt die 144 bzw. 144 000 in der »Offenbarung des Johannes« 14,1–5 als die Zahl der Erlösten. 12 x 12 000 Menschen erhalten das Siegel auf ihrer Stirn.

Die ZWEIHUNDERTZWEIUNDZWANZIG (222) – die Kontrolle von Emotionen

Die Zahl 222 symbolisiert:
- eine starke Sensitivität
- Rückzug in die Einsamkeit
- starke Körperregungen
- Mangel an sozialen Kontakten
- einen natürlichen Hang zur Schauspielerei
- die notwendige Kontrolle von Emotionen
- eine Tendenz zum Suchtverhalten

Ausblick

Sie haben, liebe Leserin, lieber Leser, vieles über die **Mystik und Symbolik der Zahlen** erfahren und kennengelernt, wie dieses uralte Wissen auch im täglichen Leben verwendet werden kann. Es begleitet uns überall und hat in der praktischen Umsetzung zahlreiche Anwendungsmöglichkeiten auch im Alltag, den wir dadurch vielleicht in mancher Hinsicht anders als bisher gestalten können und wahrscheinlich auch werden.

Wie Sie wissen, sind die zwölf Dimensionen der Evolution im Universum unterteilt in die grundsätzlichen Bereiche von:

Information – Energie – Stoff

Jeder dieser Bereiche besitzt vier Ebenen, es gibt also insgesamt 3 x 4 = 12 einzelne Welten, zu denen wir Menschen grundsätzlich Zugang haben. Wir müssen dies mit dem einmaligen Gottesgeschenk des freien Willens der 9. Dimension achtsam und bewusst wollen und auch uneingeschränkt bereit sein, unsere eigene Göttlichkeit anzunehmen, anzuwenden im Innen und im Außen zu leben. Nur dann sind wir wirklich in unserer Kraft als vollkommene, kreative, göttliche Co-Schöpfer, ausgestattet mit einem allumfassenden, unsterblichen, mit allem Sein wechselseitig verbundenen, universalen Bewusstsein.

Es ist richtig, dass wir uns im individuellen Lernprozess des »Abstiegs in die Materie« letztlich in den drei feinstofflichen Dimensionen vier, drei und zwei, entsprechend dem Über-, Wach- und Unterbewusstsein, verbunden mit den Elementen **Feuer, Luft** und **Wasser,** wiederfinden. Die darauf folgende 1. Dimension des Elementes **Erde** steht als dichteste, dunkle Spiegelung im Außen für unseren grobstofflichen, endlichen und vergänglichen physischen Körper. Auch er gehört zu uns, sozusagen als »göttliche Leihgabe« für unsere momentane Inkarnation. Er zeigt uns, wie wir unseren freien menschlichen Willen im Rahmen unserer Glaubenssätze, Gedankenprogramme und Gefühlsmuster einsetzen und Realitäten erschaffen können. Diese sollten den wichtigen Geistigen Gesetzen entsprechen und Selbstheilungsprozesse aktivieren, sonst kreieren sie Negativpotenziale und Selbstzerstörungsprogramme, die uns massiv schaden. Sie zeigen sich in den zehn grobstofflichen Körperzonen von den Füßen bis zum Scheitelbereich des Kopfes, aber auch darüber hinaus in den verbleibenden zwei bis drei feinstofflichen Ebenen des kosmischen Bewusstseins.

Eine große Hilfe sind bei diesem individuellen und persönlichen Lernprozess auf dem Schulungsplaneten Erde die uralten Weisheiten der Mystik und Symbolik der Zahlen für die 1. Dimension im grobstofflichen und die 2. bis 4. Dimension im feinstofflichen Bereich. Auch die Erkenntnisse der **Heiligen Geometrie,** also über die 2. bis 6. Dimension, unterstützen uns auf unserem Weg. Darüber hinaus, von der 7. bis zur 12. Dimension, ist alles nur noch Schwingung.

Wie eingangs festgestellt, ist im Universum alles Schwingung. In den stofflichen Ebenen drücken sich diese Weisheiten der »göttlichen Matrix« jedoch in **Zahlen** und daraus hervorgehend in **geometrischen Formen** aus.

Auch dabei gilt das Prinzip der Verdichtung:

- **Information** in den Dimensionen 9 bis 12 wird zu
- **Energie** in den Dimensionen 5 bis 8. Diese wird zu
- **Stoff,** feinstofflich in den Dimensionen 4 bis 2 und grobstofflich in der Dimension 1 als physische Materie und verdichtete, geometrische Form.

In der Heiligen Geometrie zeigt sich das Mysterium der Schöpfung im göttlichen Wirken als Grundlage unseres Seins.[12]
In der Mystik und Symbolik der Zahlen offenbart sich eine mathematische Wertfunktion und physisch-materielle Ausdrucksform spezieller Schwingungen als Wellen, Spiralen und Energiewirbel. Das gesamte System mutet an wie eine Geheimsprache, in der die verschiedenen Aspekte kodiert sind.

Zahlen geben zum einen die nach außen gerichteten, objektiven Erkenntnisse der logisch-analytisch aufgebauten linken Gehirnhälfte wieder, aber auch die Wahrnehmungen unserer nach innen weisenden, subjektiven, kreativ-schöpferischen rechten Gehirnhälfte.

Die Bedeutung der Zahlen zu kennen, eröffnet uns Menschen die Möglichkeit, die Weisheiten und das Wissen des Universums und damit wichtige Geheimnisse der allumfassenden Schöpfung kennenzulernen und im täglichen Leben anzuwenden.

---

12 Ausführlich u. a. bei: Stelzl, Diethard: Heilige Geometrie – Die Matrix unserer Welt. Darmstadt: Schirner 2016.

>»Man muss das Universum nicht
in allen Aspekten verstehen,
man muss sich nur darin zurechtfinden«
(Albert Einstein)

Erkenntnisse der Heiligen Geometrie sowie der Mystik und Symbolik der Zahlen können Ihnen bei diesem fundamentalen und wichtigen Lernprozess von großer Hilfe sein. Das vorliegende Buch und das vorangegangene über die Heilige Geometrie sollen Ihnen Hinweise und Anregungen bei diesem Vorhaben vermitteln.

Literatur

Acheson, David: *1089 oder das Wunder der Zahlen. Eine Reise in die Welt der Mathematik.* Köln: Anaconda 2006

Bindel, Ernst: *Die geistigen Grundlagen der Zahlen. Eine lebendige Einführung in die Kulturgeschichte der Zahl.* Köln: Anaconda 2011

Bischoff, Erich: *Mystik und Magie der Zahlen. Das Standardwerk über die Doppelnatur der Zahlen.* Köln: Komet 2004

Endres, Franz Carl & Schimmel, Annemarie: *Das Mysterium der Zahl. Zahlensymbolik im Kulturvergleich.* München: Diederichs 1995

Lundy, Miranda: *Symbolik der Zahlen.* Mannheim: Artemis & Winkler 2010

Shesso, Renna: *Math for Mystics. From the Fibonacci Sequence to Luna's Labyrinth to the Golden Section and other secrets of Sacred Geometry.* Newburyport, MA, USA: Red Wheel/Weiser 2007

Stelzl, Diethard: *Heilige Geometrie – Die Matrix unserer Welt.* Darmstadt: Schirner 2016

Stelzl, Diethard: *Die Entwicklung des Lichtkörpers. 1987 – 2012 – 2032 – Ein Praxisbuch.* Darmstadt: Schirner 2010

Stelzl, Diethard: *Im Einklang mit der universalen Ordnung. Geistige Gesetze und Lebensweisheiten für den Alltag.* Petersberg: Via Nova 2007

Über den Autor

Diethard Stelzl beschäftigt sich seit über 35 Jahren in Theorie und Praxis mit Huna, dem positiv ausgerichteten Gedankengut Hawaiis, und seit mehr als 40 Jahren widmet er sich spirituellen Fragen, dem Schamanismus, Mentaltechniken des positiven Denkens, Themen der Komplementärmedizin, Bioresonanztechniken, Licht und Farben, sakraler Geometrie, der Entwicklung des Lichtkörpers, intuitiver Steinheilkunde sowie alten Weisheitslehren.

Er ist Vortragsredner, Seminarleiter und Buchautor und lebt oberhalb des Millstättersees in Kärnten und auf der Götterinsel Bali.

www.huna-seminare.at

Bildnachweis

Von der Bilddatenbank www.shutterstock.com:

Layoutelemente: Mosaik: # 534115069 (© T.Sumaetho), Digitalcode: # 512444020 (© whiteMocca), Spirale: # 144230929 (© seewhatmitchsee)

S. 8: # 105555002 (© Vector Tradition SM), S. 10: # 6422929 (© jkerrigan), S. 21: # 175124336 (© jkerrigan), S. 22: # 158103431 (© Peter Hermes Furian), S. 26: # 356797187 (© Vadim Sadovski), S. 30: # 379124308 (© Saleh Dinparvar), S. 38: # 190798754 (© agsandrew), S. 45: # 124088326 (© Kichigin), S. 50: # 601327190 (© Lorna Roberts), S. 54: # 332530406 (© Excellent backgrounds), # 310022969 (© adempercem), S. 57: # 503657485 (© SergioSH), S. 62: # 518552875 (© agsandrew), S. 71: # 586702445 (© fractal-an), S. 80: # 539847178 (© Clifford Pugliese), S. 87: # 557720722 (© Klavdiya Krinichnaya), # 551617423 (© Natalya Yudina), S. 89: # 362304338 (© Excellent backgrounds), S. 93: # 548596705 (© zorro 999), S. 97: # 549647839 (© Klavdiya Krinichnaya), S. 111: # 343487588 (© StepStock), S. 118: # 432260287 (© Modella), S. 122: # 357911330 (© Tursunbaev Ruslan), S. 129: # 208557628 (© sakkmesterke), S. 135: # 338264288 (© zhennet), S. 136: # 332530406 (© Excellent backgrounds), S. 142: # 458121565 (© betibup33), S. 148: # 617484665 (© agsandrew), S. 151: # 137014148 (© Lole), S. 153: # 208557628 (© sakkmesterke), # 190798754 (© agsandrew), S. 154: # 106059878 (© O.Bellini), S. 175: # 557720722 (© Klavdiya Krinichnaya), S. 187: # 6422929 (© jkerrigan), S. 188: # 535061995 (© Serg-DAV), S. 191: # 461969554 (© Vlad_Nikon), S. 194: # 580040365 (© betibup33)

Praktisches Wissen alter Zeiten

**Heilige Geometrie –
die Matrix unserer Welt**
192 Seiten
ISBN: 978-3-8434-1112-7

**Die Entwicklung des Lichtkörpers
1987 – 2012 – 2032 – Ein Praxisbuch**
464 Seiten
ISBN: 978-3-89767-866-8

Das Huna-Kompendium
**Therapeutische Anwendungen der
schamanischen Weisheit Hawaiis**
544 Seiten
ISBN: 978-3-8434-1181-3

Huna-Einführung
Ein Praxisbuch
288 Seiten
ISBN: 978-3-8434-0932-2

Die Heilkraft der Symbole nutzen

Kosmische Symbole
Eine praktische Einführung
112 Seiten
ISBN: 978-3-8434-5101-7

Botenstoffe mit kosmischen
Symbolen aktivieren
Glück und Gesundheit
mit jedem Schluck
96 Seiten
ISBN: 978-3-8434-5092-8

Heilen mit kosmischen Symbolen
100 Symbolkarten
zur Resonanzbehandlung
100 Karten 5 x 5 cm
ISBN: 978-3-89767-375-5

Heilen mit kosmischen Symbolen
Zusammenfassung des Seminars
von und mit Dr. Diethard Stelzl
DVD, ca. 110 Min.
ISBN: 978-3-8434-8222-6

Schirner
Verlag

Moderne Forschung zu ewiger Weisheit

**Auf der Suche nach der
einen Wahrheit**
Quantenphysik und Huna –
Grundlagen und Aussagen
320 Seiten
ISBN: 978-3-8434-1043-4

Durch Erleuchtung zur Erlösung
Spirituelle Berührungspunkte
von Quantenphysik und Huna
300 Seiten
ISBN: 978-3-8434-1084-7

Geist ist stärker als Materie
Quantenphysik und
paranormale Phänomene
300 Seiten
ISBN: 978-3-8434-1099-1

Wie Wunder erklärbar werden
Quantenphysik und moderne
Hirnforschung auf der
Spur des Paranormalen
304 Seiten
ISBN: 978-3-8434-1145-5

Schirner
Verlag